한국교회,
이미와 아직
사이에서

예배당
건축 기행

한국교회,
이미와 아직
사이에서

주원규
지음

곰출판

차례

서문 예배당은 교회가 걸어온 길을 담고 있다 · 6

1 역사 속의 종교, 종교 속의 역사

역사 속의 종교, 종교 속의 역사 _ 경동교회 · 10

역사, 저항, 그리고 교회 _ 향린교회 · 20

역사를 견디는 교회, 생명을 갈구하는 교회 _ 안동교회 · 30

상투성을 넘어선 특수적 보편성 회복을 위해 _ 종교개혁 500주년 기념교회 · 40

시대를 넘어 시대의 중심으로 파고들다 _ 대한성공회 서울주교좌성당 · 50

통일, 복음, 그리고 교회 _ 영락교회 · 61

2 부르짖거나, 무너지거나

부르짖거나, 무너지거나 _ 사랑의교회 · 72

성전聖殿에서 성전聖戰으로 _ 명성교회 · 82

히브리 정신과 자본주의 교양의 충돌 사이에서 _ 소망교회 · 91

욕망과 성스러움, 그 경계에서 _ 충현교회 · 99

신과 인간의 자리, 그 경계를 넘어 _ 성락교회 · 110

3 위가 아닌 아래를 향하는 교회

미니멀리즘을 지향하는 교회 _ 이화여자대학교대학교회 · 122

비전과 리얼리즘 사이에서 _ 아트교회 · 132

길 위에 선 공동체 _ 모새골공동체교회 · 141

교파 없이 하나님 앞에 선 교회 _ 한길교회 · 151

무채색, 노출 콘크리트, 그리고 교회 _ 제주 강정교회 · 159

위가 아닌 아래를 향하는 교회 _ 경산 하양무학로교회 · 169

4 보존과 변화 사이에서

전통과 혁신의 갈림길에서 _ 정동제일교회 · 182

지방, 토착화, 그리고 교회 _ 김천서부성결교회 · 193

보존과 변화 사이에서 _ 체부동성결교회 · 203

너무나 한국적인, 너무나 본질적인 _ 대한성공회 강화성당 · 213

조화와 무게, 그 사이에서 _ 새문안교회 · 224

도움 받은 자료 · 235

사진 출처 · 239

예배당은 교회가
걸어온 길을 담고 있다

제가 어렸을 적 보았던 공간 중 가장 기억에 남는 곳은 단연 교회 예배당이었습니다. 제가 교인이어서 그랬던 건 아닙니다. 놀이터나 어린이들을 위한 문화시설이 전무했던 그 시절, 제가 살았던 서울 변두리 지역에서는 아이들이 사촌, 친구들과 함께 놀이 공간을 찾는 게 늘 방과 후 숙제거리였죠. 그러던 차에 해 질 녘까지 마음껏 뛰놀 수 있는 곳이 눈에 들어왔습니다. 그곳이 바로 자그마한 교회 앞마당과, 언제나 문이 열려 있는 교회 예배당이었습니다.

소박한 잔디밭과 무채색의 꽃잎들이 흩날리던 앞마당의 분위기는 따뜻했습니다. 언제나 문이 열려 있는 예배당에 들어서면 오래된 책 냄새와 장의자에서 풍겨나오는, 한마디로 표현하기 어려운 고풍의 향기가 흘러나오곤 했습니다. 저와 제 친구들은 늘 학교 수업이 끝나면 그곳 교회를 찾아가 해가 질 때까지 예배당과 교회 앞마당을 오가며 뛰놀곤 했습니다. 그때의 기억이 지금도 마음 한구석, 잊을 수 없는 아늑함으로 새겨져 있습니다.

세월이 흘러 제가 다시 그곳 교회를 찾았을 때, 교회 건물은 몰라보게 달라져 있었습니다. 주변 지역이 단지 아파트 재건축에 들어가면서 교회 건물 또한 크고 거대하고 제법 화려한 위용을 갖춘 현대화된 건물로 변한 것입니다. 이전의 교회 분위기를 찾을 수 없다는 사실에 마음이 조금 불편했습니다. 그런데 그런 제 마음을 더욱 무겁게 짓눌렀던 건 굳게 닫혀 있는 교회 본당 정문이었습니다.

일반화할 순 없겠지만 그때 제 마음속엔 교회 그리고 교회 건축이 이끌어온 종교의 어제와 오늘, 나아가 내일의 향방을 나름의 논지로 논하고 싶은, 그야말로 치기 어린 충동이 들끓었던 것 같습니다.

1900년대 초기 세상, 민족, 민주화와 함께 발을 맞추며 호흡했던 교회, 그 교회 공간에서 매주, 때론 매일 모이며 새로운 세상을 꿈꾸었고, 세상의 빛과 소금이어야 할 종교의 진정한 역할이 무엇인지에 대해 교회 건축을 탐구하면서 나름의 해법을 모색하고 싶었습니다. 그 고민의 산물이 졸고가 되어 엮어졌고, 지금 저와 독자 여러분에게 또 하나의 무거운 몫으로 남아버렸습니다.

이를 어째서 무거운 몫이라 표현했을까요. 아마도 이 책을 찬찬히 읽어보시면 그 뜻을 알게 될 거라 조심스럽게 예측해봅니다. 한국교회의 명과 암을 최대한 객관적으로 들여다보기 위한 역사적 매개가 '공간'이었음에도 불구하고, 공간과 그 공간을 점유한 교회 예배당이 걸어온 변천 과정을 들여다보는 일은 결코 가볍지 않았습니다. 전반적으로는 경이로웠지만 안타까운 한국교회의 현주소를 들여다보는 쓰라림도 동반되었기 때문입니다.

한국교회는 '이미'와 '아직' 사이에 형성된 긴장 속에서 지금도 치열한 역사를 전개해나가고 있습니다. 신의 축복과 임현, 그 가치의 온전함은 교회 예배당을 이미 가득 채우고 있지요. 하지만 신을 발견한 기쁨을 지난한 우리 삶과 사회, 공동체에 실천해가는 길은 아직 요원하기만 합니다. 저는 오늘의 비극적인 한국교회의 현실이 결코 전부라고 생각하지 않습니다. 또한 섣부르게 교회만이 이 사회의 희망이라고 낭만화하지도 않을 것입니다. 이미 이뤄진 신의 축복을 아직은 더 갈급하고 발 빠른 보폭으로 채워나가는 데 집중하는 것, 그것이 한국교회가 품고 있는 황홀한 숙제라 생각합니다. 모쪼록 이 졸고 안에 담겨 있는 필자의 교회를 향한 예단이 섣부른 주관주의로 비난받기를 감히 기도합니다. 오늘의 종교는, 오늘의 교회는 당신이 생각하는 것처럼 그렇게 얄팍하지 않다고, 그래도 이 세상의 빛과 희망이라고 누군가 당당히 말해줄 수 있는 그날이 오기를 갈망합니다.

이 책의 토대가 된 칼럼을 쓸 수 있도록 지면을 허락해준 『뉴스앤조이』 관계자분들과 늘 애정 어린 시선으로 글을 다듬어준 강동석 편집기자님께 머리 숙여 감사의 인사를 전합니다. 아울러 책을 펴내기까지 수고해주신 분들에게 일일이 감사의 인사를 전하지 못함을 서문을 통해 대신 밝힙니다.

서울 충무로에서

주원규

1

역사 속의 종교, 종교 속의 역사

역사 속의 종교, 종교 속의 역사

경동교회

강원용 목사, 김수근 건축가

경동교회와 관련한 내용을 준비하면서 필자의 머릿속엔 두 가지 이미지가 맴돌았다. 하나는 역사의 한가운데서 기독교의 역할을 고민하던 대표적인 인물이고, 또 하나는 한국 근대사를 대표하는 건축계의 거장이다.

먼저 소개할 대표적인 인물은 한명숙, 신인령, 김세균 등 1970~1980년대를 관통하며 정치, 학계의 기린아들을 배출한 크리스천아카데미의 강원용 목사다. 정치적 진보와 종교적 엄숙성이란 두 심대한 의미의 공존을 가능케 한 한국 개신교의 거장 강원용 목사는, 서울시 중구 장충동에 위치한 경동교회를 탄생케 한 주역이기도 하다.

경동교회 예배당 외관. 건축가 김수근이 설계했다.

한국 근현대사의 한복판을 걸어온 강원용 목사는 민주화와 정치적 진보로 대표되는 사회적 가치를 붙잡으면서도, 기독교가 지향하는 종교적 심미深味로의 집중 역시 중단 없이 독려한 인물이다. 그는 또한 개신교가 말씀의 종교란 특성을 잃지 않으면서도 교회 공간과 역사를 지탱해온 교회력을 중심으로 한 성례전sacrament의 예술적 가치를 강조해왔다. 그런 이유로 경동교회는 진보적 역사의식의 바탕 위에 개신교의 사회적 참여, 개신교만이 갖는 독특하고 신비로운 영적 심미의 조화가 지속 가능한 교회로 자리매김했다.

이 대목에서 자연스럽게 두 번째 인물이 떠오른다. 경동교회가 영적 심미의 태동과 지속 가능한 교회로 자리매김할 수 있었던 배경에는 한국 근현대사의 건축 거장이 펼쳐낸 건축 철학을 간과할 수 없다. 한국 근대건축의 대표로 평가받는 건축가 김수근이 그렇다.

건축가 김수근은 모더니즘의 미학적 우월성을 추구하면서도 한국 사회라는 독특한 지정학적 특성 사이에서 지속적인 충돌과 사건의 지점을 끊임없이 발굴해낸 건축가로 평가받는다.

경동교회는 태생부터 획일적일 수밖에 없는 설교 위주의 개신교 건축물을 공간 자체만으로도 종교적 사유가 가능한 공간으로 전환한, 이른바 전환 논리의 선봉에 서 있는 건축물로 존재한다.

지금부터 건축가 김수근의 종교 건축 개념과, 그 개념을 수용한 강원용 목사의 철학, 그 행간을 지배한 한국 근현대사 속 종교와 역사의 모순, 그리고 화해라는 지점을 중심으로 살펴보자.

교회 건축물의 심미적 극한, 어머니의 자궁

서울시 중구 장충단로 도로에 면해 있는 교회라면 어떤 이미지가 떠오를까. 도심 밀집 지역이란 답답한 느낌과 수많은 차 소리, 서울특별시란 특성에서 비롯된 번잡함을 떠올리기 쉽다. 하지만 장충단로 도로길에 면한 경동교회는 도로에 있으면서도 견고한 조적 組積造의 벽돌로 쌓아 올려진 벽이 언뜻 보기에 고성을 떠올리게 한다. 부조화의 극치로 보이는 고성처럼 우뚝 선 교회는 도로에서 보이는 정면이 아닌 뒤편에 예배당 문을 배치해놓았다. 세속 도시

본당으로 들어가는 입구(아래)와 계단.
도로가 보이지 않는 곳에 문이 설치돼 있다.

에서 신성神性으로의 몰입이라는, 일종의 정신 이동 경로를 마련해
놓은 것이다.

　벽돌로 촘촘히 마감된 건물 외벽에 창문이 거의 없음에도 신성
으로의 몰입, 그 극한의 이미지가 강조된다. 밖의 시선, 곧 도시의
눈으로 볼 땐 이러한 이미지가 폐쇄된 공간의 갑갑함을 불러일으
킬지도 모르겠다. 이는 갈수록 복잡해지는 현대인의 속도와 어울
리지 않는 부조화로 맞서는 이물異物로 보이기도 할 것이다. 하지만

뒤편에 위치한 정문을 열고 교회 안으로 들어가면 이 공간이 존재의 정신을 얼마나 황홀한 경이로 끌어올리는지 실감하게 된다.

건축가 김수근의 심혈을 기울인 설계의 승리는 건물 내부가 하나의 고요한 방주처럼 들리고 보이고 느껴진다는 데 있다. 예배가 없는 평일 낮, 관계자의 허락을 얻어 교회를 방문한 필자는 교회 내부가 태고적 침묵으로 충만하다는 느낌을 받았다. 이 절대 침묵에서 한 발자국만 밖으로 내딛으면 도심의 생활 소음들이 가득할 것이다. 하지만 교회 내부는 현대로 대표되는 세속 도시의 어떤 부분도 범접할 수 없다는 듯이 지상으로부터 철저히 격리된, 신성의 요람에 함몰되는 듯한 시청각의 변이를 일으킨다. 이는 단지 물리적으로 소리가 차단되는 방음 시설의 장점을 말하는 게 아니다. 외부로부터 소리를 차단하는 것은 이 공간이 신성의 요람이길 끊임없이 갈구하는 의지 펼침의 첫걸음에 불과하다.

고개를 들면 예배당 정면에 십자가가 비추고, 그 틈새로 자연광선이 스며든다. 날씨가 궂으면 궂은 대로, 햇살이 비추면 비추는 대로 자연스럽게 변화하는 빛의 스밈은 필자로 하여금 인간의 시간을 망각하게 만드는 카이로스καιρος, 이른바 신의 시간과 마주하게 한다. 이때 십자가 형태의 수직과 수평의 교차는 참으로 절묘하다. 빛의 스밈이 때로는 씨줄로, 때로는 날줄로 예배자의 시선 위에 불규칙적으로 부유하면서, 존재의 의식을 침묵과 절대의 요람속에서 생명의 약동을 보고 느끼고 참여하게 해주는 심미적 황홀을 선사한다.

현 예배당 내부.   천장의 유일한 창문을 통해 자연광선을 받고 있는 십자가.

　또한 경동교회 예배당엔 종교 양식을 대표하는 스테인드글라스
가 오직 하나뿐이다. 장식 도구로서 화려하거나 다채롭게 활용할
법한 스테인드글라스를 최소화하는 대신 경동교회는 그 내부를 투
박한 노출 콘크리트로 마감된 시멘트 외벽에 못 자국들을 새겨놓
음으로써 존재론적 고뇌를 내적 형상화하는 데 집중했다. 구획·구
별의 최소 기능으로만 소비되던 벽 마감은 투박한 질감을 통해 인
간과 신 사이를 언제나 낯설지만 또 언제나 경이로울 수 있는 만남
을 이끌게 해준다. 또 벽 사이사이에 스며든 못 자국은 모호한 윤
곽으로 형상화해 신성의 요람에서 존재가 경험할 수 있는 한계와
초월적 성찰을 동시에 가능케 하는, 이른바 예배의 장을 지원해주
는 지원체로 구성된 점이 놀랍기만 하다.
　한편 경동교회 외관에는 장식물로서의 십자가가 없다. 대신 지상
으로부터 수직으로 일관되게 솟구친 20개의 매스로 마감된 외벽이

있고, 교회 정면에 그보다 더 높게 돌출된 2개의 매스를 포진해놓아 십자가의 상징적 의미를 대신한다.

이렇듯 안팎으로 파고드는 짜임새 있는 심미성의 돌입은 경동교회를 거대한 모성의 출현으로 읽을 수 있게 해준다. 신성의 요람을 떠올리게 하는 경동교회의 안팎은, 밖으로는 거세게 휘몰아치는 번뇌로부터의 보호막으로 기능하고, 절대 침묵으로 무장한 예배당은 보이지 않는, 하지만 극도로 강렬한 신의 임재를 체험하는 노아의 방주와 같은 어머니의 자궁을 떠올리게 한다.

교회를 나오는 길에 질문 하나가 생겼다. 침묵과 낯섦, 편리보단 사유와 성찰을 우선시하는 공간을 빚어낸 경동교회는 과연 우리에게 어떤 행동을 원하는 걸까. 경동교회를 대표하는 정신의 원류인 강원용 목사는 그 답을 '기독교의 한국화'에서 찾았다.

기독교의 한국화,
역사 속에서 종교의 길을 찾다

기독교의 한국화는 민족 정체성 회복과 그리스도교 정신 회복, 두 가지 맥을 같이 붙잡으려 한다. 지구촌엔 다양한 민족이 존재하며, 민족 간 다툼과 분쟁이 끊이지 않는 경우가 허다하다. 민족 정체성을 제대로 회복한다는 것은 자기 민족만의 배타적 우수성을 추구하는 게 아니다. 각자의 고유한 특성을 인정하면서도 보편적

인간 가치의 회복을 위한 공통의 노력을 다하자는 다짐을 동시에 제시하는 윤리적 보편성이 곧 민족 정체성의 회복인 것이다.

독재와 부패에 맞서 인권과 민주화를 부르짖는 게 종교인의 길임을 천명한 강원용 목사는, 윤리적 보편성의 입장에서 가장 한국적인 것, 곧 민족 정체성을 회복하는 것이 가장 기독교적이란 주장을 견지했다. 그 정체성의 회복 안에 역사가 있다. 경동교회 건축물이 쏟아내는 안팎의 메시지가, 이른바 단절과 성찰이란 주제로 대표되는 세속 세계로부터의 단절이 아닌, 세속 세계로 대표되는 현실 속에서 태고적 시원인 기독교적 성찰을 추구하는 데 할애되는 것도 이러한 맥락에서 이해될 수 있으리라.

그런데 이 지점에서 필자는 한 가지 고통스러운 모순과 마주하고 말았다. 경동교회와 남영동 대공분실이란 역사의 비극 앞에 멈춰 선 것이다.

경동교회와 남영동 대공분실,
그 얼룩진 아이러니를 읽으며

우리는 한 근대건축의 거장이 남긴 발자취에서 비극에 가까운 아이러니를 읽지 않을 수 없다. 경동교회가 설계되기 4년여 전, 건축가 김수근은 한국 현대사의 치욕으로 기억될 만한 건축물을 설계한다. 현재는 경찰청인권센터로 불리는, 1970~1980년대 군사정

현 경찰청인권센터 건물. 군사정권 치하에는 남영동 대공분실로 악명을 떨쳤다.

권 치하에서 남영동 대공분실로 악명을 떨치던 건물이 그것이다.

불법으로 정권을 찬탈한 군부의 체제 유지를 위해 악용된, 민주투사들을 향한 가혹한 고문이 자행된 대공수사본부. 사람이 사람을 겁박하고 처참하게 인권을 유린한 그 건물이 가진 특징 역시 외부로부터의 단절과 내부에로의 침잠이란 메시지로 가득 차 있다.

빛 한 점 스며들지 못할 정도의 크기로 나열된 5층의 좁은 세로 창문들은 안에서 밖을 제대로 인지할 수 없는 폐쇄 구역을 떠올리기에 충분하다. 또한 층과 층을 오가는 계단들이 모두 나선형 계단으로 구성돼 있어 이성이 마비된 암흑 공간으로의 함몰을 기획하는 착란으로 가득하다. 섬뜩한 것은, 같은 건축가의 세심한 설계의 숨결에 배어든 공간 구성이 어느 건물은 종교적 심연으로 상징되는 인간이 추구할 수 있는 가장 고상한 종교 감정을 지원하는가 하면, 또 어느 건물은 인간으로선 하지 말아야 할 최악의 인권유린을 자행하는 부역자 역할로 전락했다는 점이다.

필자는 이 책을 통해 김수근 건축가의 패착이나 한국 근대건축의 굴욕적 부역 행위를 본격적으로 다루고 싶지는 않다. 그럴 능력도 없다. 다만 우리가 발 딛고 선 이 땅의 역사와 종교, 그 얼룩진 아이러니를 함께 들여다보면 좋겠다는 제안이 전부다.

공간은 존재를 압도한다. 우리를 둘러싼 공간의 힘은 그것이 시간의 풍상이란 역사의 도도한 물결 속에서 모든 것을 기억하거나 모든 것을 은폐하는 힘과 의지의 용광로로 지속한다는 데 두려움과 황홀의 감정을 함께 느끼게 한다. 이때, 존재를 압도하는 공간은 그 존재를 종교의 가장 깊은 곳, 어머니 자궁과 같은 생명 신비의 극한으로 견인한다. 동시에 이성을 철저히 마비시키고 역사와 종교를 야만과 정신 학살의 장으로 기능하게 하는 암흑천지의 아수라로 화해火海버리는 곳 역시 공간이다.

필자는 경동교회가 품은 기독교적 존엄을 지지한다. 또한 우리를 압도하고 이끌어가는 과거와 현재, 미래의 공간이 우리네 역사를 겸허한 성찰과 반성의 광장으로 인도해 주기를 희망한다.

그렇기에 더 간절히 기도한다. 경동교회의 미래, 한국교회의 미래가 성찰과 반성의 보루로 계속해서 남아주기를 말이다.

역사, 저항, 그리고 교회

향린교회

'1987'과 향린교회

2017년 겨울에 개봉한 영화 〈1987〉을 기억하는가. 2016년 연말
과 2017년 초반, 박근혜 탄핵 사태와 조기 대선으로 이어진 촛불
혁명의 발생 기원을 탐색한다는 의미에서 1987년 6월 항쟁이 재조
명되었다. 군사독재가 아무것도 해결되지 않은 채, 총칼도 모자라
쿠데타로 정권을 잡은 신군부의 야만에 맞선 민초들의 저항, 그 들
불 같은 도화선을 담아낸 역사적인 해가 바로 1987년이다. 그렇기
에 무려 30여 년이 지난 지금, 많은 사람들이 영화 〈1987〉의 여운
을 복기하고 더 나은 미래를 설계하려던 게 아닐까.

가혹한 고문으로 인한 죽음, 부당한 공권력에 의해 희생된 한 대

학생의 죽음 앞에서 시민사회 전체가 공분했고, 결국 공의의 깃발을 높이 쳐들게 했다. 권력이 아무리 힘이 강하다 해도 정의의 이름 앞에 무릎 꿇을 수밖에 없다는 진리를 확인하기 위해 대학생, 가정주부, 넥타이 부대까지, 민중 전체가 들썩인 것이다.

이러한 민중의 움직임을 가장 활발하고 역동적인 저항 의지로 담아낸 교회가 있다. 보수주의 신앙이 주류였던 한국 기독교에서 '민중이 곧 예수'라는 예언자적 일갈을 쏟아낸 안병무, 홍창의 등 젊은 진보 신앙인 12명의 정신을 계승한 향린교회가 그렇다. 여러 질곡과 부침을 겪은 끝에 을지로3가에 자리 잡은 오늘의 향린교회는, 교회가 소외받고 가난한 민중의 곁에 있어야 한다는 사실을 충실하게 구현한 장소로 평가받는다.

향린교회는 참된 인간다움과 삶의 존엄을 회복하기 위해 필요한 가치를 구현하고 이를 지속하는 게 예수 정신의 요체임을 표방한다. 그렇기에 향린 정신은 인간 존엄을 학살하는 독재 정권의 부당함과 맞서는 것을 교회의 본령으로 보았다. 교회는 본령의 가치에 의해 움직이게 마련이다. 향린교회는 신군부의 야만 앞에서 신음하는 민중을 해방하는 일이 비종교 단체나 정치인의 몫이 아닌 하나님 나라 실현을 위한 교회의 역할임을 분명히 하며, 그에 대한 저항을 계속해왔다. 영화 〈1987〉의 모델이 되기도 했던 향린교회는 때론 민주화 투사들의 은신처로, 때론 민주화와 관련된 호소와 공론의 장으로 기능해온 것이다.

이처럼 향린교회의 역사는 대한민국 민주화 역사와 궤를 같이한

향린교회 예배당.

다. 향린교회는 민주화를 추구하는 것이 종교, 특별히 프로테스탄트의 존재 의미임을 주장해왔다. 그 흔적의 발자취가 교회라는 정신 공동체를 담아낸 공간을 통해 오롯이 표현되고 있다. 정신의 공간화가 역사의 숨길 사이사이에 스며든 것이다.

천민자본주의 심장부에서
국가보안법 철폐를 외치는 교회

영하 10도 안팎의 매서운 강추위가 계속되던 2018년 1월 6일,

을지로3가역에 내려 향린교회를 찾으려 했던 필자는 20분 정도를 헤매야 했다. 2년 만에 다시 찾은 향린교회가 건물을 이전한 건 분명 아니다. 3호선 을지로3가역에서 도보로 먼 거리도 아니다. 하지만 교회를 찾기는 2년 전보다 훨씬 더 어려웠다. 주위가 대형 은행과 그룹 계열사, 금융기관 등 강북 중심가를 대표하는 고층 빌딩들의 숲에 둘러싸여 있었고, 건물과 건물 사이에 글로벌 프랜차이즈 카페테리아와 첨단 시설들이 촘촘히 들어선 탓이다. 새로 건축을 시작한 공사 현장을 끼고 돌아야 나타나는 향린교회를 찾아내는 건 아쉽게도 작심하고 찾는 이가 아니라면 어려운 일이었다. 마치 숨바꼭질을 하는 기분이었다.

그렇게 20분간 칼바람을 뚫고 나서야 향린교회 앞에 설 수 있었다. 그때 필자의 눈에 선명히 들어오는 것은 여전한 야성으로 펄럭이는 플래카드였다. '국가보안법을 철폐하라', '정전협정을 평화협정으로'. 마치 십자가에 매달린 것처럼 내걸린 두 개의 플래카드가 한겨울 칼바람에 흩날리자, 그 사이에 자리한 표어가 눈에 들어왔다. '정의를 심어 평화의 열매를!' 이 표어가 향린교회의 교회론을 오롯이 드러내는 듯했다.

'정의를 심어 평화의 열매를!'

우리는 꽤 오래전부터 한국의 자본주의 현실에 '천민화'란 이름을 붙여왔다. 1990년대 후반 IMF 구제금융을 겪은 뒤 더한층 돈의 중요성이 강조된 이래 맘몬의 악순환이 가속화한 탓이다. 한국 사회는 돈으로 시작해 돈으로 끝나는 자본의 노예가 된 2000년대 이후 평화·정의·민주화 등의 말과는 거리가 먼 상태로 전락했다. 이러한 천민자본주의의 물결에 맞춰 변화해온 소위 주류 교회들은 향린교회의 랜드마크인 정의와 평화의 가치를 고루하고 진부한 것으로 취급했다.

민주 정부가 들어선 지가 언제인데 아직도 독재 타령이냐, 국가보안법 운운하는 건 철 지난 구호가 아니냐. 누가 요즘 간첩 이야기를 꺼내는가. 이러한 흐름에 편승한 근본주의 교회 및 주요 종교계 인사들은 향린교회의 좌경화, 이적성을 집요하게 물고 늘어지며 향린교회를 예수님의 우주적 구원과 복음 정신을 훼손하는 위험천만한 정치 집단으로 낙인찍었다.

2018년 현재, 칼바람 앞에 선 향린교회는 외부의 동요엔 아랑곳없이 세 개의 플래카드로 그들 자신의 교회 역사를 그대로 드러냈다. 건물 외관 역시 언뜻 볼 때는 변화를 망각한 듯한 예전 분위기 그대로 고수하는 듯 보였다. 건물 벽체는 전체적으로 시간의 풍상을 입어 많이 낡았으며, 옥상에 가설로 처리된 가건물 느낌의 건축물 역시 전체적인 리모델링에 전혀 신경 쓰지 않은 모습을 여실히 보여주었다.

교회 건물을 살피다 보니 문득 궁금해졌다. 주변은 거대 금융과 자본주의의 격랑 속에서 춤을 추고 있는데, 향린교회가 보여준 외

빌딩숲 사이에서, 어울리지 않는 플래카드를 내건 예배당을 만날 수 있다.

부 변화에 대한 묵묵부답적 외형 고수는 과연 어떤 의미일까. 변화를 거부한 고립인 걸까. 아님, 침묵을 통해 종교 본연의 가치로 인정받는 수도원 정신을 추구하는 걸까.

　그 생각을 품고 교회 안으로 들어서자 곧바로 생각의 전면적인 수정이 필요해 보였다. 둘 다 틀렸다. 향린교회는 고립을 선택하지도 않았고 종교 본연의 가치를 추구하는 소위 주류 교회로 돌아서지도 않았다. 그들의 공간은 저항의 몸짓으로 존재하고 있었다. 여전히, 그리고 앞으로도.

안팎으로 지켜나가는,
안팎으로 저항하는

내부 공간 역시 2년 전과 비교해볼 때 크게 달라진 점은 없었다. 교회 사무를 보는 공간이 2층에 위치했고(각 사무실은 가벽을 설치해 구분해놓은 듯한 가건물 느낌이 강했다), 3층에 대예배실이 자리 잡은 구조 역시 예전과 같았다.

예배당 내부는 동양적이란 모호한 뉘앙스를 넘어선, 우리네 민족의 정체성을 강조하기 위한 공간 구성이 돋보였다. 전통적인 장의자 위에 한 권씩 놓여 있는 국악 찬송가, 한국적 전통을 잊지 않게 해주는 창호지와 창틀로 만든 창문은 세련된 장인이 직조했다는 느낌보단 조금은 투박해도 한국적 가치를 보여주려는 표현 의지로 충만해 보였다.

강대상이 위치한 예배당 중앙에는 한국적 상징이라 할 수 있는 징이 세워져 있었고, 성가대석으로 보이는 곳엔 가야금, 거문고 등 기본 국악 악기가 놓여 있었다.

어떤 이들은 향린교회의 예전禮典 형태가 국악 예배와 유사하다고 말하지만, 엄밀히 말하면 향린교회의 예전은 국악이 양념처럼 곁들여지는 국악 예배가 아니다. 한반도를 살아가는 이들이 한민족 고유의 정서와 문화로 예수를 호흡하고 느끼기 위한 근본적 방법론으로 읽어야 할 것이다. 그 근본적 방법론을 소위 토착화라 부르기도 하지만, '토착화'란 단어로 단순화하는 건 문제가 있다고 본다.

예배당 내부(왼쪽)와 예배당 중앙 벽면에 걸린 십자가들.

향린교회 3층 대예배실이 우리에게 말하고 싶어 하는 중심 메시지는 "우리 사는 한반도의 역사적 실존을 외면하지 말자"는 공동체적 호소로 읽어야 하지 않을까.

예배당 중앙 벽면엔 수많은 작은 십자가가 걸려 있었다. 작은 십자가들의 중심에 위치한 큰 십자가의 머리에 걸려 있는 가시면류관, 공동번역성서를 올려놓은 상 위에 있는 남북 나눔 작정함이 공동체 호소의 절정을 보여주는 듯했다. 수많은 작은 십자가는 큰 십자가의 항구적 상징인 가시면류관을 감당해야 하는 작은 예수들인 우리네 민중의 열망이 스며들어 있다. 남북 분단이란 평화 실현과 거리가 먼 현실에 끊임없이 아파하며 소리치는 것이다.

이처럼 향린교회는 2000년대를 살아가는 우리가 발 딛고 선 이 땅이 여전히 정전 중인 분단국가이며, 권력만을 탐하는 세계열강의 군수물자가 거래되는 야만의 전시 상황에서 한 발자국도 벗어나지 못했음을 안팎으로 호소하고 있다. 향린교회는 예수의 정신이 정의와 평화로 대표된다고 보고 있다. 그 정의와 평화가 한반도 역사에서 우리 모두 일궈나가야 할 생명 의무임을 역설하는 것이다. 그 의무가 자본주의 요청에 의한 강제적 공간 변화를 거부하는 결과를 낳은 게 아닐까. 그로 인해 비록 낡은 구시대 건물 취급을 받고 '아직도 국가보안법 타령이냐'는 식의 낡은 이념에 사로잡힌 교회로 오해받는다 해도 그들은 자신의 몫을 묵묵히 지켜내는 것으로 진정한 변화와 진보를 추구하고 있는 것인지도 모른다.

교회란 무엇인가

교회를 떠나기 전 필자는 입구에 잠시 멈춰 섰다. 입구 벽면엔 야고보서 3장 18절의 가르침인 '정의를 심어 평화의 열매를'이란 구호가 새겨진 6월 민주 항쟁 기념비가 걸려 있었다.

기념비를 바라보다가 필자는 한 가지 질문을 품게 되었다. '교회란 무엇인가'란 질문이었다.

이에 대해선 가치 구현 측면에서 다양한 답이 나올지도 모르겠다. 하지만 한 가지 근본적인 공통분모는 변하지 않을 거란 기대가 있다. 교회는 신을 위한 곳이 아니라 신의 사랑을 통해 새로워진 인간다운 인간이 발견되는 곳이란 기대가 그것이다.

물론 예수의 사랑이 어떤 방식과 가치로 구현되고 지속되어야 하는지에 대해선 신학적 의견도 많고 그 해결책도 천차만별이다. 하지만 적어도 교회는 예수 사랑이란 하나의 가치로 수렴되는 갈망을 품은 곳이 아닌가. 만약 예수의 사랑을 통해 발견된 인간다움에 대한 고민을 멈춘다면 그 교회는 자신들의 정체성을 진지하게 고민해봐야 하지 않을까.

그런 맥락에서 1953년, 전후의 폐허 위에 창립된 이래 오늘날에 이르기까지 향린교회가 보여준 분명한 정체성만큼은 부정하기 어려울 것이다. 예수 정신의 구현을 위해 끊임없는 역동성의 끈으로 연결되어 있음이 바로 그 증거다. 비록 그 역동성의 실마리가 자본주의의 진창 속에서 신음하는 모순을 통해 발견된다는 게 씁쓸하지만 말이다.

역사를 견디는 교회, 생명을 갈구하는 교회
안동교회

백 년의 고독

안동교회가 설립된 해는 1908년이다. 정확한 설립 일자는 1909년으로 알려져 있지만, 교회를 이루겠다는 뜻이 최초로 구체화된 해는 한 해 앞선 1908년으로 봐야 할 것이다.

1900년대 초반 한반도에서 개신교회는 어떤 의미였을까. 교회가 신흥종교와 서양 문물의 도입을 대표한다는 점에서 사람들에게 막연한 두려움으로 다가왔을 것이다. 그리고 그 두려움이 강한 경계심을 낳았을지도 모른다.

그게 아님, 또 다른 의미도 존재한다. 적극적인 수용과 흡수의 의지가 강하게 작동되는 경우 역시 엄존했다. 무조건적 배척과 무조건적 수용, 그 길항작용 속에서 교회는 한반도, 그 풍운의 근현대사와 운명의 배에 함께 올라탔다. 아마도 교회 역사는 무조건적인 수용에 손을 들어줄지도 모른다. 개신교회는 1900년대 초반을 넘어 21세기에 이르는 오늘날까지. 양적·질적으로 기하학적 성장과 유의미한 가치를 생산했다는 점에서 그렇다.

반대로 개신교회를 무조건적 배척의 결과로 평가하는 시선도 많다. 특히 한국의 개신교회가 미국의 청교도주의, 복음주의란 명분 아래 무차별적으로 수용한 근본주의를 받아들이는 데서 온 뼈아픈 상흔을 지적하는 목소리가 최근 높아졌다. 교회를 한국 근현대사가 낳은 괴물로 평가절하하는 시선도 힘을 얻는 게 오늘의 현실이다.

하지만 여기서 빼놓을 수 없는 한 가지 시선이 있다. 교회가 백년이 넘는 시간 동안 배척과 수용이란 길항작용과 짐짓 무관한 고독의 시간으로 기능해온 것을 간과해선 안 된다. 여기서 말하는 고독의 시간이란 수용과 배척의 두 측면과 관련한 단순한 양비론, 양시론을 말하는 게 아니다. 새로운 지평에 대한 모색과 견딤을 말한다. 그렇지만 눈에 드러난 승리와 패배의 관점에서만 보는 역사의 시선으로는 새로운 지평은 짐짓 외면되기 일쑤다.

그렇게 외면받기 쉬운 길을 역사 속에서의 한국교회가 과연 묵묵히 감당해왔느냐고 묻는다면 어떤 답이 나올까. 안타깝게도 한국교회가 보여준 태도는 역사의 외연, 과시하는 일에 대해 거의 광분하는 태도로 일관해왔다. 역사와 불화하든지, 아님 역사에 편승해 나름의 떡고물을 얻어먹든지. 한국교회는 두 극단적 태도 모두를

안동교회 옛 예배당.

별 고민 없이 추구했다.

　그런데 이러한 극단적 태도와 다르게 묵묵히 백 년이 넘는 고독의 시간을 견뎌온 교회가 있다. 서울시 안국동에 위치한 안동교회가 견뎌온 한 세기가 바로 그렇다. 필자는 한국 근현대사의 소용돌이에서 나름의 유의미한 태도를 견지해온 안동교회의 역사와 공간을 들여다보며, 백년의 고독을 견디는 게 어떤 의미인지를 생각해보고자 한다.

역사 앞에서 책임을 품다
- 유의미한 고독의 시작

　안동교회는 지리적으로는 서울 북촌, 구성원으로는 당시 나라의 운명을 결정하던 사대부 출신인 박승봉, 유성준 등이 주축이 되어 시작되었다. 미국 선교사들의 개입 없이 한민족에 뿌리내린 사대부 양반들이 주역이 되어 교회를 결성하는 일은 당시 신흥종교로 평가받던 개신교회 포교 과정에선 이례적인 일로 알려져 있다.

한학과 유학을 공부하던 사대부 출신들이 세운 교회라면 어떤 이미지가 떠오르는가. 우리 민족의 고유문화, 학문의 고상함을 보존하는 차원의 교회를 떠올릴 듯하다. 그런데 안동교회 1대 목사 한석진은 그와는 다른 개혁적 비전을 제시했다. 초대 교회 건축 설립을 주도하기도 했던 그는 전통을 앞세우는 태도보다 민족 정서를 개혁하는 방법론으로서 현대적인 종교 건축을 지향했다.

중국인 건축사의 건축설계를 바탕으로 1912년에 건립한 옛 안동교회 건물은 호방하게 전개된 정면의 곡선 처리 마감과 고전적인 서양식 건물 형태가 돋보인다. 이를 두고 민족성을 저버린 서양 문물의 무조건적 수용이 아니냐는 비판이 일기도 했지만, 안동교회 설립 주역들의 주장은 오히려 더 진보적이었다고 한다. '옛 전통을 고집하는 것보다 새로운 것을 받아들이는 것이 예수 그리스도의 정신'이라고 말이다.

그들이 말하는 새로움은 무엇이었을까. 그것은 전통이란 이름으로 박제화하기 일쑤인 정형화된 문화로부터의 탈피를 말한다. 나라의 미래, 민족 자주성을 염려하던 그들에게 교회의 근본인 하나님과 그의 아들 예수 그리스도의 복음은 날마다 새로운 생명 선포의 보루로 다가왔다. 그 생명이 곧 차별과 편견을 넘어서는 힘이기도 했다.

현재 예배당 내부모습.

　여기서 주목할 게 있다. 1912년에 설립된 첫 예배당에서 한석진 목사는 편견을 넘어서는 새로움을 실천했다. 외형적으로 화려하고 웅장한 분위기를 잃지 않는 건물 분위기에 이어, 한석진 목사는 당대에 만연한 보수적인 교회 분위기를 일소하기 위해 남녀가 유별하던 좌석을 남녀 구별이 없도록 철폐하는 등 남녀평등의 한 걸음을 이끌어낸 것이다.

　남녀가 자리 구별 없이 앉는 것 정도가 뭐 그리 대단한 일이냐고 타박할지도 모르겠다. 하지만 공간의 익스테리어exterior와 인테리어는 그 코드가 하나의 공통분모를 이룰 때, 내적 평가가 단호하게 나오는 법이다. 화려하고 웅장한 벽돌조 2층 예배당 건물이 가진 혁신이 진정성 있게 다가오려면 그 혁신의 의지가 인테리어, 즉 예배당 안에 참여한 구성원들의 의식 표현과 맥을 같이해야 한다. 안동교회의 초기 모습은 참여 구성원들이 남녀 구분을 철폐하는 의식의 표현을 적극적으로 개진함으로써 교회 건물 안팎의 개혁적 의미를 충족했다.

그런데 이 새로움을 안동교회는 격동하는 한반도의 역사 앞에서 어떤 방식으로 담아냈을까. '민족과 나라 없이 교회도 있을 수 없다'는 강한 민족주의 노선을 견지하던 안동교회는 교회가 가진 빛과 소금의 의미를 무명의 뒷받침에서 찾았던 것이 분명하다.

이후 안동교회는 한반도 역사의 뒤안길로 사라지지 않고 묵묵히 살아남았다. 하지만 그렇다고 역사의 숱한 잡음 속에 섣불리 나서 존재감을 드러내는 돌출 행동을 감행하지도 않았다. 한 세기 동안 안동교회가 붙잡은 것은 역사 앞에서 존재감을 드러내는 관심종자 같은 행위가 아닌 예수 그리스도를 통해 체험하는 복음의 충실함, 그로 인한 고독과의 대좌對坐였을 것이다.

역사를 견디며 역사를 품다
– 현 예배당이 지닌 종교 공공성의 가능성

수많은 애국지사와 선구자를 배출한 혼돈의 구한말 '정신의 요람'으로 기능하던 안동교회의 21세기는 어떠했을까. 안동교회는 묵묵히, 한국교회에서 피하지 않고 이끌어갈 수 있는 선교의 본질과 이웃 사랑에 대한 기초를 다져나가고 있다. 그리고 그 기초는 오늘날 고도 산업화와 도시 공동화로 몸살을 앓는 서울시에서 종교 공공성을 지속할 수 있는 한 가능성으로 이해된다.

종교는 신성神性을 통해 인성人性의 부박함을 어루만지는 초월적 기능으로 자리한다. 이때의 신성은 신의 존재나 의미를 수용하거나 배척하는 이들 모두를 포용하는 것을 원칙으로 한다. 인간을 향한 무한한 자비와 긍휼의 동기를 제공하는 것, 그것은 연령·인종·성별·환경을 넘어서서 모든 인간에게 열린 평등을 제공하는 것이기 때문이다.

하지만 그 행복은 지난한 삶이 계속되는 이 땅, 우리의 시간에서 거저 주어지는 게 아니다. 견디는 것이 절대적으로 필요하다. 1900년대 초반 일제강점기를 거쳐 한국전쟁 이후, 격동의 한반도, 그 시간의 풍상을 견뎌온 안동교회는 오늘의 예배당을 통해 기독교 고유의 정체성을 확고히 함과 동시에 종교 공공성으로서의 역할을 외면하지 않고 몸소 실천해왔다.

서울 북촌이란 장소성, 종로구 안국동이란 지리학적 의미가 가진 공공성이 단지 외국인 관광객이 즐겨 찾는 관광명소로만 이해되는 건 아닐 것이다. 질곡의 역사 속에서 민족의 어제를 돌아보고 새롭게 제시되는 내일을 바라보는 데 있어서 고독하지만 담담하게 그 자리를 지키는 민족정신의 성스러운 위무로 남아 있는 것. 한 번의 철거와 한 번의 신축을 통해 오늘에 이른 안동교회는 그러한 점에서 이제 종교 공공재의 의미가 무엇인지를 진지하게 제시하고 있는 듯하다.

그리고 여기, 그 공공성의 끝자락에 죽음과 생명의 혼재가 자리

한옥 양식으로 지어진 안동교회 별관 소허당(왼쪽)과 추모의 벽.

한다. 오랜 시간 풍상을 겪어온, 죽음과 생명의 기념비인 추모의
벽이 그렇다.

생명을 갈구하는 교회,
추모의 벽을 바라보며

안동교회를 답사했을 때는 한겨울이었다. 시린 바람이 온몸을 움
츠리게 했던 그때, 필자의 발걸음을 멈춰 세운 건 바로 교회 뒤편
에 자리한 추모의 벽이었다.

백 년 가까운 역사를 견뎌온 안동교회와 뜻을 같이한 교우들의
이름이 새겨진 추모의 벽은, 교회를 대표하는 목사나 장로의 이름
만 기억하지 않았다. 직급과 상관없이 안동교회의 역사, 한반도의

안동교회는 백 년의 고독을 견뎌 왔다.

질곡 많은 역사와 함께 부대끼면서 신성의 자비를 향유하던 그리
스도인의 이름 하나하나를 기억하는 추모의 벽은 필자의 마음에
죽음보다는 생명을 향한 갈구로 다가왔다.

짙푸른 잔디 위에 세워진 추모의 벽, 성서 창세기에 등장하는 생명 나무를 상징하는 대리석 나무의 소박해 보이지만 묵직한 질감이 느껴지는 이곳에서, 종교가 궁극적으로 갈망하는 것은 생명이란 사실을 새삼 확인하게 된 것이다.

안동교회의 현재가 어떤 방향을 향해 걷고 있는지 필자는 잘 알지 못한다. 그 길이 또 한 번 굽이치는 험난한 역사의 소용돌이 속에서 어떻게 변하게 될지 자신할 수 없다. 하지만 종교 공공재로 자리 잡은 안동교회의 어제와 내일이 쏟아내는 메시지만큼은 분명하다. 종교는 죽은 것이 아니라 살아 있는, 살아 있어야 할 정신을 갈망한다는 것, 역사 속으로 사라진 이를 기억하고 앞으로 다가올 역사에서 살아가야 할 이들을 보듬는 것이 바로 생명을 갈구하는 교회의 본령이란 사실 말이다.

교회는 이 생명 앞에서 고독해진다. 백 년 동안의 고독을 십자가와 부활의 말씀으로 견뎌온 안동교회는 그 고독의 틈새에서 숨 쉬는 예수 그리스도를 말하고 있다. 오늘의 한국교회 역시 그러한 예수 그리스도의 호흡과 함께하길 기대해본다.

상투성을 넘어선 특수적 보편성 회복을 위해
종교개혁 500주년 기념교회

종교개혁 500주년,
그리고 청란青卵

송길원 목사를 대표하는 수식어는 단연 가정사역이다. 20세기와
21세기를 걸쳐 사반세기 동안 가정사역에 집중해온 하이패밀리 대
표인 송길원 목사의 궤적을 간략히 들여다보면 다음과 같다.

송길원 목사는 1992년, 부산에서 기독교가정사역연구소로 시작
한 이래 현재의 '행복발전소(대표 김향숙 원장)'와 '하이패밀리' 두 법인
체를 운영하면서 세 가지 사역의 방향인 인재 양성, 교육 컨텐츠 개
발, 그리고 문화와 사회개혁의 화두를 지독하리만치 우직하게 이끌
었다.

1980년대 후반과 1990년대 초반의 시대적 흐름을 살펴보면, 당시 한국교회는 교인들 쓸어 담기 내지는 자기 교회에서의 확고한 역할 부여에 집중하던 급성장 시기였다. 그 시기에 송 목사는 어쩌면 시대에 거스르는 역설의 길을 선택했다고 볼 수 있다. 당시만 해도 '가족'이란 키워드는 '성장'이란 키워드에 묻히거나 교회의 주류 주제가 아닌 종속 주제로 받아들여진 시기였으니, 송 목사가 집중한 '가정'이란 키워드는 확실히 대세의 흐름은 아니었다.

하지만 송 목사는 가정이란 뿌리에서 종교의 원형을 보았고, 개신교의 중심 기축이라 할 수 있는 종교개혁의 지속 가능성을 보았던 것 같다. 가정이란 키워드는 단순히 유행의 문제가 아니다. 당시 교회는 급변하는 사회 분위기를 선도하고 보폭을 맞출 수 있는 유일한 소통 가치로 가정이란 키워드가 부각된 것을 부정하지 못한다. 그런 측면에서 송 목사가 지난 사반세기에 걸쳐 일궈온 가정으로의 집중은 유의미한 종교개혁 가치와의 연대로 볼 수 있는 것이다.

그래서일까. 늘 그렇듯 송 목사는 조용하지만 깊은 울림을 주는 파장의 중심을 이끌어왔다. 종교개혁 500주년 기념교회를 통해 목회 생활 30년여 만에 처음으로 담임 목회자가 되었다는 이례적 파격이 그러하고, 그러한 파격과 선도의 중심을 파고드는 생명 상징의 은유를 품고 세계에서 유일한 단 하나의 건축물로 평가받는 청란교회의 태동과 지속이 그렇다.

계란형ovality의 형태 그대로를 보존한 청란교회는 생명과 부활의

계란 모양의 청란교회. 생명과 부활의 의미를 품고 있다.

의미를 오롯이 품고 있다. 세상에서 가장 작은 교회로도 평가받는 청란교회는 경기도 양평에 위치한 종교개혁 500주년 교회 부지 안에 위치해 있으며, 그 자체로 교회의 기능을 다하고 있다. 개혁의 의미를 외적 투쟁과 불의에 맞서는 일에만 두지 않고, 생명 보존을 통한 새롭고 항구적인 생명 발현의 지속에 있음을 역설하고 있다.

세계에서 가장 작은 원형 교회

청란青卵교회를 한자로 풀어보면 푸르른 교회의 꿈으로 이해된다. 실제로 교회의 형상이 푸른빛을 머금은 계란의 모양으로 이루

청란교회 내부모습.

어졌는데, 이는 푸르름에 의해 하늘을 품은 교회, 그 교회 안으로
흘러 들어오는 신성의 신비가 궁극적으로 생명을 잉태할 수밖에
없다는 생명 신비로 연결된다고도 볼 수 있다.

　황홀한 신비와 고도로 체험적인 생명의 움틈이 동시에 형상화되
고 있는 청란교회 내부에 들어서면, 그 신비와 체험적 생명의 동시
성이 여과 없이 발현되는 초소형 파이프 오르간과 강대상 뒤편이
아닌 출구 쪽에 세워져 있는 십자가가 눈에 띤다. 한 가족을 위한,
한 가족에 의해 오롯이 집중되고 그 감동이 충족된다는 초소형 오
르간의 존재 의미가 가정이란 핵분열의 원인 인자에 붙들려 있다
는 점에서, 청란교회의 공간은 협소함이 아닌 내면으로의 집중으
로 읽혀야 한다는 필연적인 독법의 전환을 요구한다. 아울러 밖으
로 나서는 출구 쪽에 십자가를 보이게 둔 것은 내면으로의 집중을
통해 발현된 외부세계, 현실로의 내딛음은 철저히 이웃, 공동체,

세상과의 연대라는 키워드에 붙들려야 한다는 당위성의 강조로 이해되는 것이다.

교회 앞뜰, 자연과 함께

그래서일까. 교회 안의 교회, 생명과 부활의 가치에 집중해야 하는 필연적 신앙 고백을 일깨워주는 데 의의를 두고 2012년 세워진 청란교회는 고요하지만 선명한 안팎 공간, 존재의 내·외면을 아우르는 공명을 일으키면서 필자를 비롯해 교회를 방문한 그리스도인의 심정 세계를 더한층 차분하게 해주는 것 같다.

신비롭게 가라앉은 차분함을 품고 교회 앞뜰을 나서면 영혼과 육체의 행위가 묵상이란 공통분모로 한데 얽히는, 전인적 영성 체감을 도모하는 래버린스Labyrinth가 기다리고 있다. 푸르른 녹색 빛을 머금은 래버린스의 미궁 위로 한 발자국 한 발자국 제 존재를 옮겨가다 보면, 태고적 신비의 울림과도 맞닿아 있는 오래된 종소리가 아련히, 하지만 그 역시 또렷이 영혼의 심비深祕를 두드린다. 자연과 더불어, 자연의 일부인 것처럼 수줍은 자리매김을 시도한 교회 건물들은 이러한 영혼과 육체의 정결한 고양을 질료 삼아 앙코르웨딩, 유아세례, 야외결혼식 등 가정과 관련된 다양하면서도 곳곳에 융숭한 의미의 물길을 감지할 수 있는 이벤트로 전개하기도 한다.

교회 앞뜰을 거쳐 본 건물로 들어설 때, 이전까지 내면세계의 집

클래식하고 미니멀한 분위기의 중심엔 종교 감정의 극치인 장엄이 깃들어 있다.

중을 도모하던 변주들의 합이 가정 그리고 개혁이란 키워드를 만나 분출되는 지점과 맞닿아 조우하게 해준다.

본 건물을 압도하는 십자가와 이를 에워싼 컬러는 마치 색이 가진 미학적 인식의 바닥을 해부하듯 보여주고 있다. 심볼 컬러인 라이트블루의 색채는 빛으로 오신 주님을 상징한다고 한다. 아울러 블루그린으로 표현된 십자가의 또 다른 컬러는 푸른빛을 머금은 하늘이 우리에게 손을 건넴으로써 녹색으로 대표되는 우리 사는 세상, 땅의 백성들에게 아낌없이, 제한 없이 공급하고 소통하게 해주겠다는 생명 의지로 다가온다.

여기에 종교개혁 500주년을 감사하는 에벤에셀의 기념비가 500이라는 숫자로 서 있다. 단순히 지나온 시간을 기념하는 것을 넘어 그 숫자를 기억함으로써 인간의 세월, 때로는 처절하고 때로는 비루하게 견뎌온 시간의 무게를 돌파하는 개혁의 본질을 환기하는 역할을 하고 있다.

기념비에는 두 개의 원이 하나로 합쳐지는 형상이 느껴지는데, 두 개의 원은 '가정'과 '개혁'이라는 두 축을 가리킴으로써 '성장'이란 키워드를 오히려 역사의 뒤안길로 내보낸 송 목사의 가정이 곧 '종교개혁'의 원형이란 신앙 의지의 절정으로 집중되고 있다.

이렇듯 종교개혁 500주년 기념교회는 상징과 은유가 곳곳에서 독립적이면서도 유기적인 스토리텔링을 구성하며 전개해나가고 있다. 그 전개의 파노라마가 일으키는 공명이 각각의 특성으로 도드라지는데, 이를 네 개의 키워드로 정리해보면 다음과 같다.

미학

미학의 궁극엔 설렘과 떨림이 존재하며, 그 떨림의 중심엔 종교 감정의 극치인 장엄이 스며들어 있다. 클래식하고 미니멀한 분위기의 교회 건축을 통해 분출되는 장엄의 아우라는, 교회 건축 곳곳에 숨어 있는 생명의 상징들을 통해 신앙 고백적 미학을 넉넉히 확보하고 있다.

자연

존재 내면의 장엄을 바탕에서 지원해주는 건 단연 자연이다. 3만 여 평의 광활한 산과 대지 위에 자리 잡은 교회 부지는 봄, 여름, 가을, 겨울이 전달하는 자연의 신비 앞에서 창조주의 존엄과 인간 존재의 겸손, 그 조화 속에서 읊조리게 되는 생명의 시학에 눈뜨게 한다. 아름다움에 대한 궁극의 찬탄이 그렇다.

"여호와 우리 주여 주의 이름이 온 땅에 어찌 그리 아름다운지 요."(시 8:9)

영성

넓은 공간이 주는 압도감은 두 가지 종류가 있다. 공간을 지배하는 압도성과 비움과 채움의 여백을 중시한 압도감. 전자의 압도 감을 중세의 천년 암흑에 비유한다면, 후자의 압도감은 그 자체로 온전한 조화, 신적 신비를 우리 세계에서 체감하는 부조화의 조화라는 차원에서 참된 영성의 새로움으로 타오르기에 적격이다. 2.1Km에 걸쳐 조성된 작품들과 함께 어우러진 주기도문 길, 비움

종교개혁 500주년 기념교회의 신앙 바탕엔 '가정'이 있다.

과 채움, 산티아고 순례길(래버린스) 등의 이른바 순례 코스들이 영
성적 가치의 고양을 극대치까지 상승시키는 효과를 가져온다.

생명과 죽음

종교개혁 500주년 기념교회의 신앙 바탕엔 '가정'이 있다. 그리
고 가정은 한 인생의 탄생과 죽음, 이른바 희로애락을 품고자 하는
생명 의무를 담지하고 있다. '미술관이 있는 수목장'을 갖춘 교회,
미국이나 유럽의 교회는 교회 뜰에 무덤과 비석이 있다. 한국교회
중 거의 유일하게 삶과 죽음이 공존하는 교회 뜰에 무덤과 비석을
갖추고, 그 공간을 바탕으로 해피엔딩 스쿨과 임종 활동 등의 프로

그램을 전개해나가고 있다. 이것만 봐도 가정을 향한 일관된 애정이 교회 전체에 스며들어 있음을 간과할 수 없게 만든다.

상투성을 넘어선
특수적 보편성 회복은 가능한가

21세기의 한국 사회, 특히 교회는 안타깝지만 악화일로의 길에 내몰렸다. 교회 건축이 품고 있는 융숭한 도약의 기반을 시작도 해보기 전에 온갖 구설의 늪에 휘말려 폐허의 잿더미로 변할 운명을 안고 시작해야 한다는 게 현재 교회의 현실이다.

이런 와중에 교회의 교회다움, 더욱이 개신교회의 개혁다움을 조용하지만 힘 있는 울림으로 지켜나가려는 움직임이 앞으로 더 선명하고 힘찬 생명력을 갖고 전개될 것이라는 기대 또한 필연적 발견 중 하나이다. 교회 안에 숨어 있는 가정이란 키워드를 상투적 전시로 소비하지 않고 특수한 한 가정의 삶의 전부로 받아들여온 교회들이 살아남아 말 그대로 버티고 있기 때문이다.

가정이란 키워드를 어떤 식으로든 붙잡아온 송길원 목사, 그리고 종교개혁 500주년 기념교회의 버티기는 그런 맥락에서 상투성의 자리가 아닌 특수적 보편성의 자리에서부터 언제나 새롭게 다시 시작할 것이다. 아니, 그래야만 할 것이다.

시대를 넘어 시대의 중심으로 파고들다

대한성공회 서울주교좌성당

공존의 특성이 살아 있는 교회

서울 중구 정동. 정동이 보여주는 풍경은 뭐랄까, 늘 색다른 느
낌으로 다가온다. 첨단 오피스빌딩과 매머드급 위용을 과시하는
관공서, 언론사 건물의 운집 사이에서 정동은 시간의 흐름을 잠시
잊은 듯한 풍경으로 존재한다.

이런 정동의 풍경이 단지 전통문화 행사가 많이 열리는 곳이기
때문에 얻게 되는 특이점은 아니다. 수많은 행사, 이를테면 오래된
성 주변에 수문장 복장을 입은 사람들이 오가면서 수백 년 전 조선
시대 의식을 재연해내는 풍경을 연출해 과거의 향수를 불러일으키
기 때문만은 아니라는 말이다.

서울 정동에 있는 대한성공회 서울주교좌성당. 과거와 현재가 교차하는 공간에 자리하고 있다.

덕수궁 바로 옆에는 현대를 상징하는 테이크아웃 커피 전문점이 늘어서 있다. 가장 현대적인 오피스빌딩과 유서 깊은 문화전통과 함께하는 적산 가옥이 나란히 공존하는 곳, 정동은 과거와 현재가 교차하는 타임캡슐이 그대로 열려버린, 낯설지만 거부감 없는 느낌으로 존재한다.

바로 이곳 정동에 서울시 유형문화재 제35호, 대한성공회 서울주교좌성당이 있다. 성공회 서울주교좌성당은 서학당길을 사이에 두고 서울시의회와 인접해 있다. 반대쪽으로는 덕수궁 돌담을 지척에 두고 있으며, 그 뒤편으로 영국대사관이 자리 잡고 있다. 이러한 배치 역시 독특한 지리적 위치에 있는 서울주교좌성당을 나

서울주교좌성당 외관(왼쪽)과 본당 내부에 있는 모자이크 성화.

타내고 있다.

영국대사관을 떠올리자 필자의 머릿속에는 자연스럽게 성공회와 영국의 관계가 떠올랐다. 성공회는 영국국교회가 로마가톨릭에서 독립하면서 생겨난 종파다. 서울에는 1890년, 지금 위치의 한옥에 '장림성당'이란 이름으로 개교했다.

지금의 성당은 1926년 5월 2일 미완성인 채로 992㎡(300평) 3층 구조로 축성식을 열었다. 대한성공회 3대 주교 마크 트롤로프가 1922년 영국의 종교 건축가 아서 딕슨의 설계를 토대로 착공을 시작한 성당은 종교 고유 시설과 토착화의 조화라는 철학이 담겼다.

서울주교좌성당은 대한성공회의 모태와 같은 위상을 가진 교회로 알려져 있다. 서울주교좌성당은 오래전부터 내려온 고전적인 십자가 형태의 화강암과 벽돌로 지어진 네오–로마네스크 양식 건축물이다. 서울을 비롯해 국내에서도 유일한 네오–로마네스크 양식 건물로 알려져 있다.

서구의 형태와 모양을 오롯이 구현해낸 네오-로마네스크 양식이 이 성당에서 유일하게 주목해야 할 지점은 물론 아니다. 기와지붕 등 한국 전통 건축양식과의 절묘한 조화가 서울주교좌성당 건축물 전체에 흐르고 있다. 서양과 동양의 조화에 방점을 찍은 성당은 전통과 현대의 공존이 지속하는 정동의 분위기와 함께 어우러지면서, 한국 종교 시설이 생뚱맞게 출몰한 서구의 건축물이 아니며, 근현대사의 시대와 흐름을 같이한다는 의미를 환기하기에 충분하다.

한국 근현대사는 영욕의 서글픔이 한데 뒤엉켜 있다. 그 뒤엉킴 속에 서울주교좌성당은 때로는 고난과 치욕으로, 때로는 가슴 뛰게 하는 역사의 증인으로 기능해왔다.

성공회 서울주교좌성당 역사를 돌이켜보면 파란만장 그 자체다. 1941년에는 일제에 의해 외국인 선교사가 추방당하는 고초를 겪었다. 한국전쟁 때는 순교자도 많았다. 성당 정면 왼쪽 아래 푸른 바위에는 십자가가 새겨져 있는데, 한국전쟁 중 죽은 여섯 순교자를 기념하기 위한 것이다.

기념비적 역사에 방점을 찍는 것은 향린교회와 함께한 1987년 6월 항쟁의 기억이다. 민주화로 대표되는 인간다움을 망각하지 않고 기억하며 함께하고자 대한민국 민주화 운동의 진원지로 기능했다. 그리하여 서울주교좌성당은 대한민국 역사의 한 페이지에 또렷이, 그리고 성큼 들어서게 된 것이다.

네오-로마네스크 양식과 한국 건축의 조화,
시대를 넘어서는 미학적 아름다움

필자는 서늘한 바람이 채 가시지 않은 4월 초입의 어느 날, 서울 주교좌성당을 찾았다. 서학당길에서 성당으로 들어서는 길, 세실 극장에 못 미쳐 나오는 오른쪽 입구를 통해 안으로 들어섰다.

매번 시간이 될 때마다 찾는 곳이지만, 성당 안으로 들어서면 고유의 네오-로마네스크 건축양식이 드러내는 압도적이면서도 정제된 미학적 풍취가 단숨에 보는 이를 사로잡는다. 그 미학적 풍취는 서울에 자리 잡은 대부분의 근대건축물과는 확실히 구분되는, 서울주교좌성당 자체만의 독특한 아우라를 갖는다. 한국 최초이자 유일한 네오-로마네스크 양식 건축물로, 그 아우라의 본질에는 한국 전통 건축물, 특히 인접한 덕수궁과의 조화를 존중하는 전통과 현대의 공존이 자리 잡고 있다.

건립 당시 서울주교좌성당의 최우선 과제는 덕수궁과의 조화였다. 설계 초기부터 정해놓은 일종의 기본 원칙이기도 했다. 그 원칙의 하나로 선택한 게 바로 둥근 아치 형태의 로마네스크 양식이었다. 선이 완만하며 전체적으로 단아한 형태를 가진 로마네스크 양식은 한국적 특성을 얹힐 수 있는 가능태可能態로 기능하기에 손색이 없었다.

돔 형식 대신 지붕 양식으로, 주황색 기와를 올린 천장과 아치형을 취해 로마네스크 양식을 충실히 따른 창문. 이러한 외관에서 풍기는 동서양의 조화와 지속이라는 측면이 이국적 풍미를 허락하고 있다면, 내부에서는 더 치열한 미학의 절정이 손을 벌리고 있었다.

내부 세계를 향한 침잠,
정신의 아름다움

성당 내부 역시 외관의 건축미에 뒤지지 않는다. 오히려 더한 숭엄한 종교적 감흥을 고취시킨다. 본당으로 들어서자마자 시선을 사로잡는 건 바로 제단 뒤 모자이크 성화로, 경이로운 빛을 품고 있다. 영국 웨스트민스터대성당 성앤드류채플 모자이크를 만든 작가 조지 잭의 작품이다. 모자이크 성화의 정점은 최상단에 위치한 반돔 형태로 된 예수 그리스도상으로, 그 아래에는 성모 마리아를 포함한 다섯 인물상이 포진해 있다.

전면 재단에 이르기까지는 좌우 여섯 개씩 총 열두 개의 배흘림기둥이 있는데, 열두 사도를 의미한다고 한다. 이어 재단 좌우 바깥쪽에는 익랑을 두어 공간을 확장했다. 왼쪽에는 성십자가, 오른쪽에는 성모 마리아 제대가 있다.

이어지는 내부 풍경은 한국의 전통을 연상하게 하는 이미지로 가득했다. 은근한 색감을 품은 스테인드글라스, 격자무늬 창살, 서까래 형태를 최대한 구현한 천장 등의 인테리어는 한국의 전통미를 적절히 표현하고 있었다.

성당 외관은 네오-로마네스크 양식과 한국 건축의 조화를 보여 준다.

지하로 내려가면 소성당 세례자요한성당이 있다. 서울주교좌성
당을 만든 핵심 인물 트롤로프 주교가 안치된 장소다.

소성당에서 필자의 마음을 사로잡은 건 피아노 한 대 크기밖에
되지 않는 목제 오르간이었다. 짙푸른 기운을 머금은 은근한 조명
아래에서 영혼의 오라를 쏟아내는 듯한 금빛 분위기를 풍기는 목
제 오르간에서 아름다운 선율이 흘러나왔다. 이 또한 모양이 한국
전통 뒤주를 닮아 있었다. 경첩 역시 오르간 케이스 네 귀퉁이에

교회 단상(왼쪽)과 본당 내부 좌우에 있는 열두 개의 기둥.

부착돼 한국적 고전미를 더했다.

성당 내부까지 모두 들여다본 필자의 마음을 사로잡은 것은 '결국'이라는 한마디 부사였다. 내부 역시 결국 단단한 희열로 가득 차 있었다. 단단하면서도 유연했다. 전체적으로 차분하게 가라앉혀주는 균질한 색채, 그 균질성 속에서 내면적인 둔중함을 표현하는 질감의 조화가 주목할 만했다. 100인의 건축가가 1988년 가장 아름다운 건물로 서울주교좌성당을 손꼽은 이유에는 아마도 이러한 조화가 바탕이 되었을 것이다.

이렇듯 성당은 '조화'라는 키워드로 일관돼 있다. 과거와 현재, 동양과 서양, 역사와 탈역사의 조화가 그렇다. 조화의 정신을 통해 서울주교좌성당은 시대의 한계, 한국 개신교 건축물이 가진 미학적 한계를 넉넉히 넘어선다. 성당의 바탕 정서를 차지하는 궁극적인 조화는, 단지 조화라는 스탠스를 강조하는 데에만 머무르지 않는다. 시대를 넘어 시대의 중심으로 파고드는 그리스도인에게 주어진 또 하나의 역할에 대한 호소와 주문의 카드를 조심스레 꺼내 놓는 것이다.

현재진행형으로서의 6월 항쟁,
그리고 인간다움

서울주교좌성당의 미학적 가치는 단연 본당으로 집중된다. 이는 더 의심할 여지가 없다. 로마네스크 양식에 한국 전통 기와가 얹은 모습에서 나타나는 심미적 조화, 그로 인한 종교적 신성성에 대한 경외는 미학적 가치의 절정과 절묘하게 맞닿아 있다.

일제강점기에도 그랬지만 90여 년이 지난 지금에도 대한성공회 서울주교좌성당은 사람들의 관심 어린 시선에서 떨어진 적이 없다. 건축가나 예술가에게는 예술적 영감으로 다가왔으며, 신성성을 추구하는 종교인에게는 심오한 신의 섭리에 대한 깨달음을 촉진하는 건축미로 다가왔다.

이러한 미학적 우수함은 본당 뒤편, 뒤뜰에서 풍겨나오는 고요함에서 심미적 감흥으로 연결된다.

주교관에서 성가수녀원으로 이어지는 길은 흡사 구도의 순간들을 펼쳐놓은 느낌이다. 길 위를 한 걸음 한 걸음 천천히 걷다 보면, 영혼의 성스러움과 동시에 의식의 서늘함이 찾아온다. 단순한 사색과 명상을 넘어 마음 한구석에서 또 다른 강렬한 메시지와 울림

성공회 서울주교좌성당 정면(위).
사목관 근방에 놓여 있는 '유월 민주 항쟁 진원지' 표지석.

의 기운이 일렁거리는 것이다.

걸음을 옮기는 자리 끝에서 필자는 멈춰 섰다. 성당 뒤쪽 한옥 건
물에 '유월 민주 항쟁 진원지'라고 적힌 표지석이 놓여 있었다.

민주화의 근원에는 사람이 사람을 차별하지 않는, 존재가 존재를
짓밟지 않는 인간다움의 생명력이 숨 쉬고 있다. 그 인간다움으로
부터 우리는 숨을 쉬고 있다. 이 숨을 가능하게 하는 정의는 1987년
6월 항쟁 때에도 그랬고, 지금도 여전히 상징과 의미의 강렬함으로

계속되고 있다.

하지만 필자에게 서울주교좌성당은 민주화 운동이라는 상징의 표지가 미약한 여진의 장식 혹은 종교적 수사 중 하나로, '정의를 성스러움 뒤에 숨은 소품으로만 생각하지 않을까' 하는 우려를 지우기 힘들었다. 6월 민주 항쟁은 종교를 넘어서지만 종교의 중심 가치인 인간다움을 향한 내적 돌파의 진원지로 기억해야 한다.

그런 의미에서 서울주교좌성당은 6월 민주 항쟁을 단지 기념비적 장소성에만 둘 것이 아니라 정서적 연대로 확장해나아갈 것을 오늘날 그리스도인에게 요구하고 있다. 인간다움의 밑바닥에는 신성의 육화가 함께하고 있기에. 그리스도의 몸 된 교회가 갖는 궁극의 신성함은 우리 삶 한복판에 살아 숨 쉬는 생명을 향한 한 걸음이기에.

그렇기에 오늘날 대한성공회 서울주교좌성당은 문화재의 보존 가치에만 머물러서는 안 된다. 우리 삶의 현재진행형으로 뛰쳐나와 현현顯現해야 한다.

통일, 복음, 그리고 교회
영락교회

한국교회사의 중심,
한경직 목사

한국교회사를 이야기할 때 빼놓을 수 없는 인물이 있다. 한경직 목사가 그렇다. 한경직 목사는 일제강점기 시대의 어둠과 분단의 아픔을 겪은 한국 근현대사의 길목에서 기독교의 가르침을 보수적이고 헌신적으로 계승한 인물이다.

그는 분단 이후에도 중단 없는 민족 복음화와 통일을 외쳤다. 또한 그 외침이 공허한 구호에 머무르지 않도록 종교와 사회 안팎에서 사랑을 실천했다. 거기다 우리네 이웃의 가난과 슬픔, 부박한 삶에 실제적 위무의 손길을 내미는 것이 교회의 사명이란 메시지

50주년기념관과 예배당. 신구의 조화가 엿보인다.

를 남겼다. 이것이 한경직 목사를 한국교회의 대표 이미지로 떠올리는 데 이견이 없는 이유다.

한경직 목사의 정신이 역사의 흔적으로 고스란히 남아 있는 곳이 바로 영락교회다. 물론 교회는 하나님을 향한 경외의 터전이기에 특정 인물의 이미지가 교회를 지배해선 곤란하다. 필자는 특정 인물을 강조하려는 게 아니다. 교회가 걸어온 발자취를 생각하는 데 있어 한 인물이 이끌어온 주요 가치를 살펴보는 것이 중요하다는 생각에서다. 그런 의미에서 영락교회를 구축해온 역사의 한 자리를 유의미하게 확인할 수 있는 계기로 한경직 목사를 떠올린 것이다.

교회 건축과 예배당은 교회가 걸어온 길을 담고 있다. 비록 그 길이 빛과 그림자라는 양면을 모두 드러낸다 해도 쉼 없이 들여다보고 성찰하는 것은 필요하다. 한국교회가 앞으로 걸어가야 할 길을 생각하게 해주기 때문이다.

대표적 개신교 랜드마크

서울시 중구 수표로에 위치한 영락교회는 명동성당과 평화방송사 등과 인접해 있는 일종의 종교 랜드마크로 알려져 있다. 영락교회 건축물은 종교 고유의 가치에 주목하는 클래식한 분위기와 세상과의 교감을 상징하는 현대적 이미지가 적절한 균형을 이루고 있다.

현대사회에서의 대도시는 그만의 고유한 정체성을 광의적 문화와 특징적 문화로 동시에 드러낸다. 광의적 문화라고 함은 시민사회가 보여주는 고유의 생활양식이 묻어 있는 보편적 건축 문화라할 수 있다. 그에 따른 상보적 개념인 특징적 문화는 공동체를 대표하는 상징적 의미를 강조한다. 그런 면에서 서울시 중심가로 인정받는 강북 명동에서 가톨릭의 종교 가치를 대표하는 명동성당과 더불어 자리한 영락교회는, 명동성당의 상징이 그러하듯, 단순한 종교 건축을 넘어 한 국가와 도시를 대표하는 랜드마크로 불리기에 충분하다.

개신교 교회 건축이 매우 현대적이며 대중 친화적인 공간 구성을

정면에서 본 예배당(왼쪽)과 내부모습.

지향하던 때가 있었다. 이는 1980년대 이후 신군부를 거쳐 문민정부에 이르기까지 본격적으로 점화된 대표 전략이다. 만약 영락교회가 그러한 유행에 치우쳐 본래 가치를 잊고 획일화의 함정에 빠졌다면 영락교회는 특징적 문화의 상징도 잃고 랜드마크로서의 가치도 훼손되었을 것이다.

하지만 영락교회는 신구新舊의 조화로 보이는 본당의 클래식한 건축물과 50주년기념관으로 대표되는 모던한 건축물 사이에서 시대적 간극 유지와 보존이란 두 주제를 적절히 공존시켰다. 그렇기에 영락교회는 한국교회사의 측면과 서울을 대표하는 특징적 문화라는 두 가지 점에서 공히 종교 랜드마크의 이미지를 상실하지 않고 유지한 건축물로 인정받는다.

영락교회를 둘러본 필자는 이번에도 한 가지 궁금증이 생겼다. 이렇게 구별하는 게 적절한진 모르겠지만, 신구의 조화라는 측면에서 시대적 맥락을 입체적으로 담아낸 영락교회를 관통하는 키워드는 무엇일까 하는 질문이었다. 그 답을 앞서 밝힌 한경직 목사의 발자취에서 찾아볼 수 있지 않을까 하는 기대가 뒤따랐다. 그때 떠오르는 키워드는 비교적 명료했다. 바로 복음과 통일이다. 역사 속에서의 복음, 복음 속에서의 통일.

역사 속에서의 복음

평양 대부흥회로 기억되는 초기 한국 기독교사에서 북한 교회의 활약과 구령에의 열정은 막대했다. 그 열정은 세계 교회사에서도 유례를 찾아보기 어렵다. 처음 북한 지역에 신앙의 가치를 뿌리내린 한경직 목사는 그 열정을 그리스도의 사랑과 구원이란 단순하면서도 강력한 생명 울림에서 찾았다. 그 지속성의 최종 표지는 단연코 복음이다.

그런데 해방 이전에는 일제강점기의 핍박이, 해방 이후에는 소련 (구 러시아) 스탈린주의의 광풍에 휩쓸린 공산주의가 복음의 순수 가치를 위협했다. 한경직 목사와 영락교회는 두 개의 커다란 역사적 격랑 모두를 복음의 순수성을 억압하는 실제 위협으로 보았다. 그래서 결국 월남의 길을 택하게 된다.

월남 이후 영락교회는 교회 정체성 수립의 측면에서 복음의 순수성이라는 원형적 가치에 집중한다. 그와 동시에 '자유', '순수'라는 역사적 의미와 이념에 천착하게 된다. 이러한 의지가 지금의 본당 건물에 오롯이 구현되어 있다.

1949년 첫 기공식을 시작으로 반세기를 넘어오기까지 여러 개축 과정을 거쳤지만 본래의 형태를 유지하고 있는 본당 건축물의 클래식한 익스테리어exterior는 얼핏 보면 서양 전통의 교회 건축양식을 단순 차용한 것으로 보인다. 하지만 영락교회 본당 건축물을 단순 차용만으로 보긴 어렵다. 복음의 가치를 지키고 그것을 지속하고자 하는 순수성에 대한 의지로 보는 게 적절하다. 그 의지를 펼치는 부분에서 이념적으로 다소 편중된 모습을 보이긴 해도 한경직 목사가 이끌어온 부분은 바로 이 지점, 복음의 순수성이다.

이 경우 오해가 생긴다. 소위 근본주의의 시선은 복음의 순수성을 사회와 역사에 대한 몰이해, 혹은 무관심으로 이해하는 경향이 다분하다. 정교분리의 원칙을 자신들의 편리에 따라 받아들이는 태도가 그렇다. 정교분리를 강조하는 이들이 오히려 군사독재를 찬양하고 불의에 침묵하고 맘몬에 사로잡힌 자본주의의 노예처럼 굴어온 이율배반적 모습을 수시로 보여왔다. 그것이 오늘의 한국교회가 공공연히 보여준 우민화된 현실 아닌가.

하지만 영락교회가 말하는 복음의 순수성은 우민화의 길과는 다른 길을 걷고자 애쓴다. 영락교회는 복음의 순수성을 한국 사회라는 콘텍스트context와 연결하기를 주저하지 않았다. 통일에 대한 담론이 그렇다.

영락교회는 통일에 대한 개신교의 입장을 이론적 측면과 실천적 측면에서 비교적 선명히 밝혀왔다. 그 실천 양태는 신구의 조화로 언명한 1994년에 착공된 50주년기념관 이하 여러 신축 건물의 공간 구성과 쓰임새의 펼침에서 그대로 드러난다.

복음 속에서의 통일

진보와 보수의 이념 차이를 잠시만 내려놓고 보자. 영락교회가 보여준 통일에 대한 입장, 그리고 실제로 이뤄온 활동 스펙트럼을 보면 그 영향력에서만큼은 한국 사회에 지대한 기여를 한 게 사실이다. 50주년기념관으로 대표되는 건물은 북한 주민 지원에서부터 시작해 교육, 통일 논의, 정책적 연구까지 북한 지원과 통일 운동 차원에서 종교 기관이 할 수 있는 최선의 가치를 창출해내고 있다. 탈북자 지원과 교육에서부터 시작해 통일에 대한 시대적 요청과 실천 방향까지 말이다.

이러한 광폭의 행보가 가능한 건 공공연히 정교분리 입장과 복음의 순수성을 동일선에 놓고 접근하는 태도와는 확실히 차별화된 것이다. 이를 단순히 월남한 실향민들이 주역이 된 영락교회만의 특징이라고 설명하기엔 부족하다. 도리어 그 반대 입장에서 봐야 이해가 수월하다. 교회의 대사회적 가치는 당대 사회가 가진 시대적 맥락과 근원적으로 교류해야만 그 의미가 선명해진다. 본질적 교류를 위한 인식의 비판적 계승이 선행될 때 가능하다는 말이

선교관 건물.

다. 그런 측면에서 영락교회는 교회가 추진하는 통일 사업의 적실한 결과물인 50주년기념관이란 건축물을 통해 통일 운동을 지속하는 대사회적 가치를 여실히 보여주었다.

이렇듯 영락교회는 반세기를 훌쩍 넘어 한 세기 가까이 겪어온 격랑의 한국 사회, 특히 이념적 스펙트럼이 다양하게 얽혀 있는 오늘의 현실을 외면하지 않고 맞서왔다. 통일과 복음이란 상징을 건축물을 통해 표현하고 그 공간 가치를 지속한다는 점에서 개신교의 랜드마크로 자리매김하기에 분명한 것이다. 그와 함께 영락교회는 오늘의 한국교회에 한 가지 질문을 던지고 있다. 오늘의 우리는 개신교의 랜드마크인 영락교회를 어떻게 읽어야 할 것인가.

오늘의 영락교회,
어떻게 읽어야 하는가

복음의 순수성은 어쩌면 빛과 그림자라는 두 얼굴 모두를 읽어주기를 요청하는지도 모른다. 복음이 초월적 차원에서의 유희가 아닌, 하루도 바람 잘 날 없는 이 땅을 살아가는 우리네에게 건네는 메시지라면 이 요청은 당연할 것이다.

영락교회가 선택한 복음의 순수성 속에 나타난 빛은 혈연, 지연을 넘어서서 보편적인 한 몸을 이루는 그리스도 예수를 향한 우주적 하나 됨이다. 바울의 표현처럼 복음 안에선 헬라인이나 유대인이나 종이나 자유인이 차별 없이 그리스도 안에서 모두 하나인 것이다. 영락교회는 바로 이 복음의 빛인 하나 됨이란 대승적 기준에서 교회를 이해하고 오늘의 한국 사회를 바라본다. 그런 측면에서 영락교회는 하나 됨의 기준에서 추출된 종교적 보편성인 예수님의 사랑을 이야기하는 복음의 빛을 견지해오고 있다.

하지만 오늘의 한국 사회는 교회가 가져온 획일적 문제 해결 방식에 의문을 제기하고 있다. 복음의 순수성을 진보와 보수의 가치 중 보수의 가치에 무게중심을 두고 해법을 찾으려는 태도에 대한 근본적 의문이 그렇다. 분단 극복의 해법 역시 이념의 굴레로부터 자유롭지 못한 모습을 보여준다는 건 복음의 순수성이 가진 그림자임을 부정하기 어렵다. 영락교회는 결국 복음의 순수성이 나타내는 빛과 그림자를 모두 드러낸 개신교의 어제와 오늘을 대표한다.

측면에서 본 예배당 전경.

빛과 그림자를 말하는 것은 단순한 비판일까? 그렇지 않다. 오히려 한국의 근현대사를 외면하지 않고 때론 돌파하고 때론 부대끼며 받아들인 민낯의 흔적으로 영락교회를 읽는 것이 첫 시작점이 되지 않을까. 그것이 영락교회를 비롯해 한국을 대표하는 개신교 랜드마크를 읽는 유의미한 독법이길 조심스럽게 기대해본다.

2

부르짖거나, 무너지거나

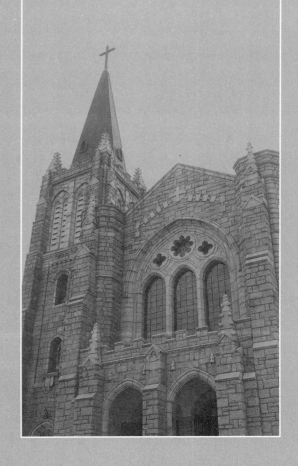

부르짖거나, 무너지거나
사랑의교회

제자 훈련과 강남

1980년대를 대표하는 한국 기독교의 흐름에서 '제자 훈련'이란 키워드를 빼놓고 이야기할 수 있을까. 그렇지 않다고 본다.

1980년대는 교인 수의 폭발적인 성장으로 교회 조직은 양적으로 비대해졌지만, 그에 비례해서 영적 성숙이 따르지 못한다는 고민과 도전이 목회자들 사이에서 발화되던 시기였다. 또한 그 고민의 실천적 측면에서 사회참여, 제자도, 십자가 신학 등의 유행이 발발했던 것도 1980년대의 특징이다. 그중에서도 제자 훈련은 기독교의 외적 성장을 보완하는 내적 성숙에 기여했다는 점에서 그 영향력이 막중하다.

1978년 강남 은평교회를 개척한 옥한흠 목사는 곧이어 1980년에 강남으로 교회를 이전하고, 1981년엔 교회명을 '사랑의교회'로 개명해 오늘에 이르렀다.

옥 목사는 그리스도인의 강력한 영성 폭발을 강조함과 동시에 '사랑'이란 키워드를 추상적이거나 내재적 차원에만 머무르게 하지 않고 현실 사회를 향한 적극적 참여의 동력으로 사용했다. 당시 한국교회를 휩쓴 주된 흐름이 급격한 보수화나 과도한 급진화가 낳은 갈등이었다는 점을 감안하면 옥 목사의 이러한 시도는 신선한 충격이었다.

복음에 있어서는 인문학적 흐름과 타협하지 않는 순수성을 강조하면서도 주류 기독교를 공격할 때 주로 사용하는 사회참여에 대한 미온적 태도를 비판하고 적극적 사회참여를 촉구하는 옥 목사의 설교가 가져온 파급효과는 상당했다. 그 상당한 영향력은 실제 열매로 나타났는데, 사랑의교회의 폭발적 양적 성장으로 이어졌기에 결국 옥 목사는 1980년대 중반 교회 건축을 결심, 강남역 인근 서초구에 교회를 건축하기에 이른다.

옥 목사가 1980년대 당시 강남에 교회 건축을 시도하게 된 배경에 '강남'이란 공간이 가지고 있는 자본주의적 특수성을 옥 목사 개인이나 자신이 속한 공동체의 사적 이익에 이용했다는 느낌을 갖기란 쉽지 않다. 옥 목사 역시 박정희에 이어 전두환 군사정권으로 이어지는 1980년대에서 강남이 가진 천민자본주의적 기질의 태동을 어떤 식으로든 의식했을 것이기 때문이다. 오히려 옥 목사는

1980년대 중반 건축한 사랑의교회 강남 예배당 외관.

정면 돌파를 선택한 것으로 보인다. 이른바 세속 도시를 향한 저항
과 돌파, 이를 뒷받침하는 적극적인 개혁 의지로 밀어붙인 것이다.
그 개혁 의지의 키워드가 바로 '제자 훈련'이다.

칼빈신학교를 거쳐 웨스트민스터신학교에서 목회학 박사를 공부
한 옥 목사가 접했던 이론 중, 그의 제자 훈련의 바탕을 이룬 한 축
이 한스 큉의 '교회론'이다. 신학적인 입장 차는 있겠지만 옥 목사
는 한스 큉의 교회론에서 복음·훈련·비전에 대한 필연적 동기부여
를 절감했으며, 우주적 교회로서 교회의 대사회적 역할과 선도적
역할에 대한 각성을 이뤄냈다.

미국 유학을 마치고 돌아온 옥 목사가 이러한 교회론 적용에 있
어 가장 중요하게 생각한 건 개인의 복음화 차원을 넘어선 개인의

공동체화와, 그 기여에 필연적으로 요청되는 예수의 제자도 구현이다. 옥 목사는 제자도 구현을 개혁의 본질로 인식했고, 프로테스탄트야말로 바로 제자 훈련의 산실이란 자긍심을 선포해야 한다고 보았다.

제자 훈련이 곧 개혁이고, 개혁의 대상과 장소가 일상의 삶에서 개혁을 요청받는 그리스도인들의 삶의 자리라면, 그 삶의 중심에서 복음을 외치고 그에 합당한 삶을 살아야 하는 제자 훈련 역시 삶과 동떨어진 게 아니어야 한다는 생각에서 옥 목사는 강남을 선택했을 것이다.

그는 1980년대의 강남과 향후 강남이 가져올, 이른바 개인을 괴물로 만드는 욕망과 그 욕망을 먹고 자라는 신자유주의의 광기에 당당히 맞서야 한다는 목표로 교회 건축을 계획한 것이다. 한 개인이 예수님의 강력하고도 철저한 복음에 충분히 녹아든 그리스도인으로 거듭날 수만 있다면 비록 그곳이 소돔이라 하더라도 두려울 게 없다고 확신한 것이다.

카타콤과 탈욕망,
욕망의 한복판에서 복음을 부르짖다

옥 목사의 개혁 의지는 당시의 교회 예배당 건축에 어김없이 반영된다. 소음을 피한다는 표면적 이유가 있긴 하지만 옥 목사가 주

장한 제자 훈련 정신의 연장선에서 생각한다면 예배당을 지하에
둔 시도에 낮은 자의 자세로 하나님을 만나려는 겸허한 카타콤의
의지가 담겨 있음을 부인하기 어렵다.

옥 목사는 그리스도인으로 구성된 교회에 스며 있는 복음의 향기
가 비그리스도인에게도 정서적 연대에 있어서만큼은 동일해야 한
다는 신념을 가진 인물이다. 그렇기에 당시 지역 주민들과 소통하
고, 그들의 의견을 건축 과정에 최우선으로 반영하길 주저하지 않
았다. 이러한 교회 건축 과정에서 나타나는 겸손과 소통의 자세는
사랑의교회를 욕망의 급류에 휘말려 정신 못 차리는 강남이란 공
간에서 종교와 비종교를 넘어 유의미한 개혁 기제로 자리 잡게 해
주었다.

옥 목사가 주장한 제자 훈련은 복음의 실천과 그 지속이 개인과
공동체, 더 나아가 시민사회와 국가로까지 확장되는 데 선한 영향
력을 가져야 한다는 게 핵심이다. 여기에 옥 목사의 다소 근본적이
고 보수적인 신학적 파토스가 덧붙여진다. 한 개인을 둘러싸고 파
고드는 욕망의 층위를 그리스도인에게 주어진 축복과 의무의 동시
기제인 성령의 견인을 추동하는 데 쓰여야 한다는 게 제자 훈련의
모티프인 것이다.

그러한 제자 훈련은 개인 삶의 절제와 적극적인 대민 봉사, 그리
스도인다운 성숙한 윤리 의식 실천으로 발전된다. 그러한 가르침
의 실제적 사례를 필자는 욕망의 강남과 그 강남을 윤리적으로 정
화하는 노블레스 오블리주의 역동적 상호작용이라고 평하고 싶다.

예배당 내부모습.

강남을 둘러싼 부동산과 정치, 문화의 역학 관계가 빚어낸 욕망의
용광로 속에서 사랑의교회는 미쳐 돌아가는 세속 도시, 그 끝을 모
르고 치닫는 욕망을 멈춰 세우고, 세속 도시를 하나님의 도성으로
변화하게 하는 개혁의 마지막 보루여야 한다는 사실을 부르짖었던
것이다.

물론 옥 목사의 제자 훈련이 결과적으로 강남의 욕망과 어떻게
맞섰는지, 그렇게 맞서서 유의미한 결과를 도출했는지는 미지수
다. 제자 훈련이 주장하는 개인의 복음화, 이른바 성화의 추동력인
성령의 견인이 고도성장과 부의 불균형, 그 첨단에 설 수밖에 없
도록 치달은 강남을 변화하게 했는지에 대해선 현재의 역사적 판
단만으론 결론 내리기 어렵다는 사실 역시 자명하다. 하지만 옥 목
사의 복음을 향한 신념이 녹아든 강남역 서초동에 위치한 사랑의
교회 예배당이 가리키는 밑으로의 지향이 가져온 영적 긴장만큼은

그 자체로 피할 수 없는 개혁의 역동성을 보유하고 있다.

개발 광풍이 불어닥친 1980년대의 강남에서 당대 많은 초대형 교회 건축물들은 외연적 성장에 집중해온 게 사실이다. 하지만 사랑의교회는 그 풍조와 맞서 싸웠다. 형식은 고대 교회 건축의 복원에 있다고 해도 지상을 향해 할 수만 있다면 위로만 오르려 하는 바벨탑을 연상케 하는 건축물과, 역시 하늘 높이 십자가 첨탑을 앞다투어 세우려 했던 유행에 정면으로 맞섰다.

낮은 곳을 향하는 사랑의교회 지하 예배당은 물질적 풍요에 중독되었음에도 적당한 사회적 지위와 명예까지 얻을 수 있는 전형적인 기회의 땅 강남의 중심에서 탈강남, 탈욕망의 외침으로 존재해온 것이다.

그런데 그 탈욕망의 외침이 기괴한 종교 논리와 결합하면서 괴물의 모습으로 변형되기 시작하더니, 결국 역사적 퇴행을 언급하지 않을 도리가 없다. 2013년, 서초역 사거리에 들어선 오늘의 사랑의교회가 그것이다.

이런 식의 세속화는 재앙이다

사랑의교회 예배당이 이전 증축을 결심해야 하는 이유는 현실적으로 보면 전혀 무리가 없다. 1980년대 중반 지어진 800여 명 수용 규모의 예배당에 2000년대 이후 수만여 명 규모로 성장한 교인들을 수용하기에는 구조적으로 불가능한 일이었다. 중고등부 예배는 물론이고 성인 교인들에게도 예배 시간을 5~8부로 확장해 분산 수용한다 해도 한계는 분명했다. 물론 분립이나 다른 방법을 생각할 수 있지 않느냐는 의견도 있겠지만, 그건 개교회의 태생적 뿌리와 역사를 함께해온 교인들의 생리와 정서에 맞지 않을 수도 있다. 교회 이전이나 증축은 사랑의교회가 당면한 당연한 고민이었을 것이다.

단순 비교는 어렵겠지만 옥 목사가 요구한 제자 훈련의 정신 계승이 적어도 그 본질의 흐름만이라도 훼손되지 않았다면, 지금의 오정현 목사가 기어코 일궈낸 서초역 사거리에 위치한 지금의 건축물은 아예 시도조차 되지 않았을 것이다. 옥 목사가 외친 제자 훈련의 본질은 세속 도시에 대한 거부가 아닌 세속 도시 한복판을 살아가는 그리스도인이 예수님의 제자란 사실을 실천적으로 선포하는 개혁의 보루가 되어야 한다는 것이었다. 그런데 지금의 사랑의교회 건축물은 세속 도시가 추구하는 소비지향주의의 첨단, 그 자체로 주저앉고 말았다.

맘몬의 광기에 휩쓸린 강남이란 재앙의 메타포를 그리스도인들의 모임인 교회는 어떻게 읽고 받아들여야 할까. 옥 목사였다면 그 메타포를 어떻게 읽었을까.

만약 오 목사가 자신은 옥 목사와 다른 노선을 걷겠다고 천명했다면 소제목의 '재앙'이란 표현을 자중했을지도 모른다. 하지만 오 목사는 옥 목사의 제자 훈련이 곧 자신의 목회 철학임을 공공연히,

2013년 건축한 사랑의교회 서초 예배당 외관(위)과
입당 예배 당시 모습.

지금도 계속해서 부르짖는 자칭 제자 훈련의 화신이란다. 이게 대체 뭐하자는 것인지. 지금의 사랑의교회는 신자유주의 이념을 성스러운 복음으로 받아들인 초대형 교회의 전철을 그대로 답습했을 뿐만 아니라 강남이란 맘몬의 메타포를 적극 활용한 나머지 수습할 길 없는 기형의 바벨탑을 세우고 말았다.

혹자들은 억울하다고 말할지도 모른다. 사랑의교회 건축물을 두고 둘러싼 일련의 충돌과 정도 이상으로 과도하게 집중된 비난은 자칫 영적 공공재를 향한 불신자들의 영적 공격이라고 말할지도 모르겠다. 하지만 백번 양보해 도로점용 위법성 여부와 교회 건축비 대출과 관련한 문제들을 논외로 하더라도, 지금의 사랑의교회가 추구하는 외형적 과시를 위한 건축물 위용의 의지는 옥 목사가 이야기한 개혁 의지가 아닌 오히려 개혁해야 할 최악의 죄임을 도저히 외면할 수가 없다.

이젠 좀 솔직해져야 할 것 같다. 신학적 견해가 다르다 해도 우리가 정말 구원의 복음과 그 감격으로 살아가는 그리스도인이라면 진짜 영적 공공재가 무엇인지, 진짜 영적 전쟁이 무엇인지 말이다. 누군가의 말처럼 사랑의교회가 영적 전쟁에서 승리하고 강남의 욕망으로부터 초연함을 선포하는 영적 공공재를 지키고 싶다면, 그게 진심이라면 지금 당장 그곳을 버리고 나와야 한다. 지금 당장 말이다.

이런 식의 세속화는 제자 훈련도, 영적 공공재도, 개혁도 그 무엇도 아니다. 그냥 막장이고 재앙이다. 그걸 모르는 사람은 이제 아무도 없다.

성전聖殿에서 성전聖戰으로

명성교회

목사 김삼환과 20여 명의 성도들

한국교회를 넘어 세계적으로도 개신교회의 대표로 이해되는 교회가 있다. 교회의 급성장 이외에도 학교, 병원, 교도소 지원, 방송 선교 등 다양한 활동으로도 주목받는 이 교회의 이름은 명성교회다.

몇 년 전까지만 해도 세계 규모로 성장한 명성교회에 대해 한국 사회와 교회가 바라보는 시선은 비교적 우호적이었다. 힘들고 어렵게 시작한 개척교회에서 몇 만 명을 육박하는 대표 교회로 성장하게 된 성공 스토리를 듣는 건 엘리트들의 자기만족과는 다른 측면이 있기에 공통분모를 느끼게 되는 것인지도 모른다. 그 스토리의 시작엔 단연 인간의 노력과는 다르게 전개되는 하나님의 특별

베들레헴 성전 외관(왼쪽)과 새 성전인 예루살렘 성전.

한 기적과 은혜의 나눔이 자리하고 있다.

명성교회의 시작은 신군부가 들어서던 1980년 7월이다. 후일 현대화된 한국 개신교에서 가장 중요한 인물로 손꼽히는 목사 김삼환과 20여 명의 성도들이 강동구 명일동, 버스 종점이 위치한 50평이 채 안 되는 상가건물 2층을 임대해 시작한 것이 명성교회의 출발이다. 창립 초기부터 명성교회는 인근 지역 주민들 전도에 주력했고, 그해 9월부터는 특별새벽집회란 공격적이고도 신앙의 충실성을 대내외에 알릴 수 있는 방법으로 교세를 확장해나갔다. 스무 명이란 적은 인원으로 시작한 교회는 걷잡을 수 없는 성장 일로를 걷기 시작해, 창립 3년 만인 1983년 12월에 지금의 교회 위치인 명일동에 600여 평에 가까운 건물 규모를 가진 새로운 본당 건립을 이루게 된다.

삼위일체 성장과 베들레헴 성전

김삼환 목사의 걸출한 카리스마의 근거는 외국 학교의 학력이나 화려한 언변과 용모, 감성적 터치에 있지 않았다. 한국 개신교 역사가 기억하는 김 목사의 목회 스타일은 군더더기 없이 심플하고 그만큼 다른 사상적 방향이나 의견 개진에 집중하지 않는, 이른바 복음주의의 바른 예를 보여주며 세계적인 교회로 양적·질적 성장을 일으키기 시작한다. 해외 선교사의 적극적 파송에 기독인실업회 조직화, 고등학교 학교 인수, 병원 인수 등으로 이어지는 명성교회의 성장을 두고 일각에선 영성, 균형 잡힌 공동체 정신, 사회봉사에 충실한 삼위일체의 성장을 일궜다며 하나님 나라의 올바른 확장이라고 칭송하기에 이르렀다.

이러한 성장세와 유사하게 명성교회의 건축은 지나침도, 특기할 만한 화려함에도 집중하지 않았다. 지금은 옛 성전으로 불리는 베들레헴 성전의 외관 역시 공격적인 유사 고딕 양식에만 치우치지 않았다. 그렇다 해서 회중들을 위한 열린 공간이란 핑계로 종교적 전통을 상실한 건축 구성에 경도되지도 않았다.

스테인드글라스로 구축된 외관의 풍모로부터 비춰오는 클래식한 분위기는 이곳이 교회라는 전형성을 부여한다. 전형적이란 표현을 부정적으로 받아들일지도 모르지만, 사실 종교 건축물에서의 전형성은 일종의 미덕의 기준으로 간주되기도 한다. 종교란 화두의 보수성을 충분히 반영하면서도 오늘의 시대, 곧 현대의 미학과 어울림을 갖는 의미 조화를 평가하는데 있어 중요한 기준으로 작동하는 것이 바로 전형성에 입각한 종교 건축물로서의 충실한 구현에 있기 때문이다.

그런 맥락에서 명성교회 베들레헴 성전은 개신교 종교 건축이 쉽게 빠지기 쉬운 탈전형성에로의 유혹에도 일정 부분 거리를 두면서, 동시에 구태의연한 종교 전형성의 함정에 빠지는 것도 경계하는, 이른바 경계의 미학을 비교적 철저히 구현한다는 평가를 받는다.

그런데 이러한 경계의 미학은 명성교회의 이른바 삼위일체 성장이 갈수록 피플 파워people power에 의존한 무비판적 종교 근본주의와의 결탁으로 인해 성장 일로에만 함몰되는 경향을 보이면서 교회의 이후 성전에선 안타깝지만 눈에 띌 수밖에 없는 무비판의 스타일이 개진되기 시작했다.

샬롬관

1998년 10월에 완공된 지상 5층 건물은 주로 명성교회에서 발행하는 출판물을 판매하고 교회 교육, 문화와 관련된 업무가 이뤄져 왔다. 2013년부터 새 성전이 예루살렘 성전으로 바뀌면서 현재 명칭인 샬롬관으로 통합 변경되었는데, 이 건물엔 두 가지 모순적인 쓰임새가 공존해 있다. 1층엔 어르신들을 위한 무료급식소가 운영

되어 사회봉사로서 기능 지속의 쓰임새가 계속되는 한편, 4층엔 명성교회 역사관이란 이름으로 교회가 보유한 성스러움이 속된 세계로부터의 분리라기보단 종교의 권력화 혹은 지엽적 가치로 향하는 물화된 숭배를 촉진했기 때문이다.

주의 종은 주님 섭리에 절대 복종하겠습니다.

개척 초기, 김삼환 목사의 간절한 기도 제목이 담긴 다이어리에서 발췌한 한 문장이다. 100평이 넘는 역사관 안에는 주로 명성교회 창립자인 김삼환 목사의 발자취를 담은 기록들이 가득하다. 새벽기도의 생생한 열기를 담은 빛바랜 사진들, 김삼환 목사가 받은 감사패와 감사장, 위촉장, 팸플릿, 성도들이 손수 보낸 편지, 손으로 직접 쓴 신구약 성경, 개척 초기 간절한 기도 제목이 적힌 개인 다이어리 등으로 채워진 역사관을 무슨 근거로 물화된 숭배라고 명명했는지 밝히라고 한다면 그에 대한 필자의 답 역시 명백하다. 이 역사관은 명성교회의 역사에 집중했다기보단 명성교회 창립자의 개인 신앙 역정에 집중되었기 때문이라고. 그것이 바로 물화된 숭배라고 말할 수 있는 근거의 보편성이다.

한 개인의 처절한 신앙 여정을 추억하고 이를 기념하는 행위를 타락의 징후로 보는 시각을 비약이라고 볼 수도 있다. 물론 그럴 수 있다. 하지만 이곳이 바로 교회와 관련된 공간이란 점에서, 더욱이 그 교회가 정교분리의 근본원리 위에서 무비판적 종교 순수성으로 매달려온 교회라면 더더욱 한 개인의 사적 기록을 기념하는 전시 행위는 중단되었어야 했다. 명칭은 명성교회 역사관이라 명명했지만, 그 교회의 성장 역사를 창립자의 개인 카리스마와 기도의 눈물에 의해 일궈냈다는 스토리로 윤색하고, 그렇게 윤색된 스토리가 종교 건축물을 점유하는 이 시도 자체에서 명성교회는 복음의 순수란 핑계로 무비판적 숭배의 길을 촉진해왔음을 간과할 수 없는 것이다.

그리고 이렇게 위기의 징후로 도색된 교회는 결코 그 성장세를 굽히지 않는 서글픈 성장의 불수레바퀴와 뒤엉켜 새로운 성전을 맞아들이게 된다.

예루살렘 성전

2009년 9월에 착공해 2011년 12월 24일에 완공된 지금의 명성교회를 대표하는 대성전인 예루살렘 성전은 지하 4층, 지상 5층 규모에 개폐형 천장 기능을 갖춘 7,200석 규모의 대예배실과 1,600석 규모의 소예배실 2개를 보유한, 명실상부 '구원의 방주'임을 자임하기에 이르렀다.

하늘 문이 열리는 성서적 모티프에서 차용된 것으로 보이는 개폐형 천장, 하늘 문이 열리는 이 거대한 성전의 황홀함이 복음의 순수와 시대정신의 부재가 기괴하게 결탁된 교회는 대체 어떤 정신

교회 전경(왼쪽 위). 출판물 제작과 교육,
문화 관련 업무 등이 이뤄지는 샬롬관(왼쪽 아래).

으로 이를 받아들였을까. 자손만대까지 주님께서 기뻐하실 아름다우며, 창립자의 간절한 새벽 기도에 끝내 무릎 꿇고야 만 기도의 응답으로 받아들였을까. 아님, 시대와 역사의식, 사회적 상식과 인간다움의 보편성을 복음의 순수 속에 죄다 몰아넣은 무비판과 몰이해의 임계점에서 마주할 수밖에 없는 그리스도인의 비극적 딜레마의 발견으로 이해했을까. 안타깝게도 오늘의 명성교회를 설명하는 세 가지 키워드 앞에서 교회는 후자의 발견보단 끝끝내 이루고야 말 기도의 응답으로 받아들였던 것 같다.

성전聖殿에서
성전聖戰으로

2014년 6월 14일 토요일, 명성교회의 재정 담당인 박 모 장로가 비극적 선택으로 목숨을 잃었다. 이 사망을 두고 교회 일각에서는 "명성교회가 1,000억 원의 비자금을 조성했으며, 박 모 장로가 비자금 관리에 대한 부담으로 인해 자살했다"는 의혹이 제기되었다. 교회 측은 이를 묵살하며 박 모 장로의 사망 원인이 심장마비라고 관련 의혹을 일축했지만, 유서가 발견되었고, 그의 죽음이 스스로 투신한 정황이 밝혀지면서 의혹은 커져만 갔다.

그의 유서를 둘러싸고 벌어진 비자금 관련 내용은 이후 재판에 넘겨졌으며, 소명하는 과정에서 12년간 약 800억 원이 적립된 사실이 적시되고 "대형 교회가 구성원들이 모르는 800억 원의 차명 계좌를 12년간 관리해왔다는 것에 '비자금'이라는 표현을 쓰는 것은 허위 사실이 아니다"라는 담당 판사의 판결문으로 비자금과 로비의 흉흉한 먹구름이 드리우기 시작했다.

그리고 이 먹구름은 김삼환-김하나 부자의 교회 세습이란 일련의 과정을 통해 어둠의 블랙홀 속으로 말려들고 말았다.

필자는 이 글을 통해 명성교회의 세습에 대한 비판이나 다른 의견을 개진할 마음은 없다. 하지만 명성교회가 지금껏 쌓아 올린 이른바 영적 지분, 그리고 그 신앙심으로 표현된 이른바 성전의 순수가 성전의 선동으로 악진화惡進化되고 있지는 않은지, 명성교회의 교회 공간을 둘러싼 숭배의 스토리텔링에 의해 원치 않는 폭로를 거듭하는 현실이 단지 우려가 아닌 몰락의 징후로 읽히는 상황을 진단하고자 한다.

교회가 하는 일은 교회의 논리, 신의 논리로 풀어야 한다는 목소리를 이제는 멈춰야 한다. 교회가 세상을 향해 자기네들을 이해하지 못한다면서 맞서려는, 이른바 성전에서 성전으로의 신앙 행동 이행은 설령 그 싸움에서 승리한 것처럼 보일지라도 서글프고 우스꽝스런, 상처뿐인 승리에 불과하다는 사실을 이제는 철저히 인정해야 할 것이다.

히브리 정신과 자본주의 교양의 충돌 사이에서
소망교회

히브리 정신

히브리 정신이란 무엇일까. '히브리'란 말뜻에만 주목하면 그 출발점은 유랑, 정착하지 못하는 방랑인의 정신이 아닐까 한다.

의견 차이가 있을 순 있다. 방대한 신학적 스펙트럼을 갖고 논해야 할 화두이기도 하다. 하지만 구약성서의 주연을 맡은 히브리인들의 역사 속 스토리텔링을 조금만 살펴봐도 방랑인의 흐름을 쉽게 확인할 수 있다. 그렇기에 히브리 정신을 방랑의 키워드로 연결하는 데 무리가 없어 보인다.

방랑인의 정신은 사실 어느 시대에나 존재해왔다. 비록 오늘의 사회가 거주지 안정을 위해 현상적 방랑을 멈췄다 해도 방랑의 풍미, 그 원초적 열정만큼은 과거나 지금이나 여일하게 지속되고 있다. 방랑은 대개 불안정함으로 인식되기 마련이다. 하지만 반대로 어디에도 속하지 않은 절대 자유, 절대 낭만의 실마리로 읽히기도 한다. 하나님을 향한 히브리 백성의 신앙의 열정에서 비롯된 '자유'와 예수가 부르짖었던 '자유'에 히브리 정신이 오롯이 스며들어 있음이 그 방증이다.

서울 여의도에 있는 여의도순복음교회와 함께 대한민국 최대 규모로 손꼽히는 강남구 신사동에 위치한 소망교회를 이야기하면서 히브리 정신 운운하는 건 왠지 모순같이 느껴진다. 히브리인들의 일상, 그들의 정신이 외부 환경과 시대적 변화에 따라 변주되는 모습을 보여왔다는 특징을 기억한다면 소망교회의 정신적 뿌리에 히브리 정신이 녹아 있음을 발견하는 건 자연스러운 결과로 이해될 수도 있다.

필자는 소망교회 편을 준비하면서 지하철 압구정역에서 나와 소망교회에 이르는 길을 몇 번이고 반복해 걸었다. 초고층 아파트와 성형외과 전문 빌딩, 세련의 극치를 이루는 패션숍이 들어앉은 근접 지역과 비교해보면, 소망교회와 그 주변은 일종의 고립된 섬이라는 느낌을 받는다.

일단 교회 주변으로는 층고가 높은 건물을 발견하기 어렵다. 소박해 보이는 작은 간판의 작은 숍들이 약간은 수줍은 모습으로 교회 주위를 둘러싼 모양새다. 그렇게 소망교회는 평당 1억 원을 호가하는 강남 중심지에서 도도한 평정심을 유지하는 정중동의 점유

단순한 평면 형태인 예배당 외관. 한옥 창살 문양, 벽화, 기둥 등을 통해 고전적 종교미를 드러내고 있다.

지로 존재하는 느낌이다. 그 정중동의 내부에 들끓고 있는 외면할 길 없는 욕망의 용광로를 들춰보기 전까진 그랬다.

제도와 예배 안에 뿌리내린
히브리 정신

여기서 분명히 해둘 한 가지가 있다. 소망교회의 현재가 보여주는 온갖 잡음을 잠시 물러 세운 뒤 소망교회의 태동 배경에만 주목해보면, 지금까지 소망교회가 보여준 제도와 예전禮典만큼은 충분히 히브리적이란 사실 말이다.

소망교회를 수식하는 키워드는 대개 이런 식이다. 시대가 낳은 축복의 산물, 급성장한 부르주아들의 사교 모임 장소, 가난한 사람이 다니기 어려운 교회 등. 이는 아마도 한국 부르주아의 3대 조건으로 알려진 압구정동, 현대아파트, 그리고 소망교회란 상징화로 대표된 결과가 아닌가 한다.

하지만 현실과 다르게 소망교회의 제도 자체가 지향하는 근본 취지는 '탈귀족화'다. 소망교회의 내부 공간은 수직적 계급화와 상하 계층화를 막기 위해 장로석을 따로 구별하지 않고 있다. 장로를 중시하던 1980년대 장로교 전통으로 볼 때 당시의 시도는 소망교회의 정체성을 분명히 나타내는 특징이었다.

또한 소망교회는 안수집사 제도도 없다. 행정의 민주화를 위해 한 직분을 2년간 맡은 뒤엔 평회원으로 돌아가게 하는 제도적 장치를 마련해두었다.

그와 함께 소망교회는 소위 대형 교회가 교인 응집과 결속 수단으로 사용하는 장묘 사업이나 운송 수단의 최소화를 추구한다. 단체 이동을 위해 한 대쯤 가질 법한 교회 버스가 없고, 교회 명의를 대표로 운영되는 묘지도 없다. 경기도 광주에 위치한 소망수양관 내에 '소망교회 성도의 묘'라고 적힌 비석이 하나 있을 뿐이다. 원하는 교인에 한해 비석 주변에 유골을 뿌려도 되지만 고인의 이름을 따로 기념하는 공간은 두지 않는다.

또한 소망교회는 창립 이후 30년 넘게 단 한 차례도 집회를 열지 않았다. 새 신자를 모집하기 위해 교회마다 연중행사처럼 벌이는 '대각성 전도 집회'도 시행하지 않았다. 새로 나온 사람을 예배 시

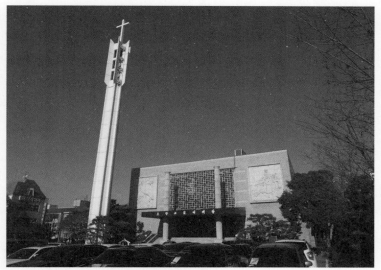

위로 곧게 뻗은 십자가탑에는 '예수 구원'이라는 글자가 새겨져 있다.

간에 따로 소개하지도 않고 특별한 프로그램도 존재하지 않는 것
으로 알려져 있다.

아울러 예배가 시작되면 참석한 교인들에게 고도로 절제된 행동
을 요구한다. 예배는 화려함과 거리가 멀고 최대한 조용한 분위기
에서 진행된다. 박수를 치는 일이나 '아멘'을 큰 소리로 내뱉는 일
도 없다. 이러한 예배의 특징은 감정의 억제, 혹은 종교 감정의 약
화로 이해될 수도 있지만, 반대로 절대 고요를 통해 신과 만나고픈
경건주의의 발로로 이해될 여지도 다분하다.

이처럼 소망교회는 제도와 예전 속에서 인본주의적 점유 욕망과
노출 욕구를 최대한 줄이고 신의 음성을 찾아 유랑하는 고정된 공

간 속에서의 방랑이란 히브리 정신의 내재적 순환을 교회 정체성으로 일궈왔다. 이러한 정체성을 고수하는 전통은 변화에 대한 거부라기보다는 심미적 숙고를 위한 하방의 의식으로 볼 여지가 충분하다.

하지만 이 대목에서 씁쓸한 기분을 떨치기 어렵다. 소망교회가 애써 지켜온 제도와 예배 속 경건이 추구하는 히브리 정신이 그들만의 공간 속에서의 소용돌이에만 머물고 있다는 불길한 느낌 때문이다. 그 느낌의 뒤란에 자본주의 교양이 가진 치명적 모순이 자리 잡고 있다.

도시적 유목민을 집어삼킨
자본주의 교양의 함정

소망교회 초대 목사인 곽선희 목사는 현대사회를 살아가는 사람을 물질의 많고 적음에 관계없이 누구나 외로움을 느끼는 '도시적 유목민'이라고 규정했다. 이후 도시적 유목민을 향한 소망교회의 설교는 귀에 들어와 박히는 세련된 수사로 많은 이에게 위로를 주었다.

그런데 문제가 있다. 그 위로가 초고속 경제성장이 낳은 자본주의 급물살의 선봉에 선 이들, 소위 부와 명예를 얻은 이들의 외롭고 상처 난 부분을 싸매주는 역할에만 머무른다는 점이다.

선교관(왼쪽)과 예배당 내부모습.

굳이 들춰내는 것 같아 그렇지만 소망교회는 탐욕과 위선의 끝판을 보여주고 만 대한민국 전前 대통령 이명박 장로를 배출한 곳이다. 또한 소망교회는 이명박 정부 때 고소영(고려대, 소망교회, 영남) 정권이라는 비판으로부터도 자유롭지 못하다.

그래서일까. 소망교회, 곽선희 목사의 걸출하고 화려한 설교, 현대인의 공허를 달래주는 위로의 말들은 안타깝게도 자기 성찰과 자성의 메시지로 진화하기보단 성공의 독에 취한 이들의 주례사로만 기능하는 게 아닌가 하는 우려를 낳았다.

자본주의 교양의 늪에 묻힌 치유의 메시지는 초고속 경제성장의 맹점, 그 어두운 구렁을 보는 것을 망설이게 한다. "굳이 어두운 치부를 왜 봐야 하는", "음습하고 불길한 누아르 말고 따뜻한 휴먼 드라마 좀 보겠다는데 그게 뭐 잘못이냐"고 따져 물을지도 모르지만 여기엔 잊지 말아야 할 전제가 있다. 그들, 세련되고 심플한 자본주의 교양을 추구하는 이들이 바로 어두운 구렁을 만들어낸 장본인이란 사실 말이다.

초고속 경제성장의 소용돌이, 갈수록 단단해지는 천민자본주의의 콘크리트 바닥으로 추락한 교양은 자기네들이 배설한 어둠의 진창 속에서 탄식하는 약자들의 아픔을 위로할 여유가 없다. 자신들의 성공 신화를 유지·지속하기 위한 보신保身만이 급선무이기 때문이다.

히브리 정신, 도시적 유목민의 위로가 더 이상 유의미하게 들리지 않는 이유가 바로 여기에 있다.

욕망과 성스러움, 그 경계에서

충현교회

충현교회의 발자취

자의든 타의든 충현교회는 대한예수교장로회 합동 대표 교회다. 위세가 위축되었다고는 하지만 충현교회는 여전히 한국의 개신교회 중 10대 교회로 꼽히기에 부족함이 없다.

충현교회는 본래 서울 중구 야현동(인현동의 옛 이름)에서 시작했다. 1952년 설립된 부산 동일교회의 김창인 목사와 서울로 올라온 신자들을 중심으로 1953년 인현동에서 시작한 서울 동일교회가 충무로로 이전한 후, 이듬해인 1954년 충무로의 '충' 자와 야현동의 '현' 자를 따 충성된(충忠) 고개(현峴) 위에 세워진 등불이라는 뜻의 충현교회로 개명됐다. 이후 1980년 강남 개발 붐을 타고 현재의 강남구

강남 역삼동에 있는 현 충현교회 예배당.

역삼동으로 신축, 이전했다.

한평생 십자가 복음이라는 강력한 복음 원동력을 불태운 김창인 목사의 카리스마가 살아 있는 충현교회의 어제는, 비록 쇠락을 경험하고 있는 지금과 비교할 수 없겠지만 복음의 원형 가치가 어떤 식으로든 계속되고 있음을 확인할 수 있다.

필자는 본 책에서 충현교회의 빛과 그림자를 들여다보고 이를 통해 개신교 현대건축의 과제가 무엇인지 함께 묻고자 한다.

강남, 그리고 교회

서울 강남구 역삼동으로 이전한 충현교회 역사는 긍정적 섭리의 역사라기보다는 일단의 사건으로 평가받는 부정적 의견을 피하기 어렵다. 아쉽게도 충현교회는 한국교회 건축사에서 교회 건축으로는 거의 최초로 비난을 받은 교회로 꼽히는 불명예를 안고 있다.

지금의 충현교회 예배당은 1978년 공사를 시작해 1988년 헌당식을 했는데, 당시 120억 원의 예산을 들여 교회 건축을 일궈냈다. 바로 이 지점이 여론의 집중 질타를 받게 된다. 당시의 120억 원은 현재 시가로 환산해보면 750억 원 정도에 이른다. 게다가 충현교회 자체의 부동산 가치는 상상을 초월할 정도다.

충현교회 입장에서는 억울한 부분이 분명 있을 수 있다. 어떤 부동산 전략 가치를 두고 선택한 것도 아닐뿐더러 충현교회 초대 담임목사인 김창인 목사의 복음을 향한 열정이 그러한 세속적 예지나 안목으로 선택을 도모할 정도로 비영성적이지 않다는 게 중론이다. 하지만 결과적으로 충현교회의 강남 이전이 강남이라는 욕망의 기반과 개신교회가 지닌 보여주기가 연결되는 마중물 역할을 한 것을 부정하긴 어렵다.

다시 말하지만, 충현교회는 강남이 향후 욕망과 자본의 상징으로 발전되리라 예견하고 이전한 것으로 볼 순 없다. 초기 한국교회 태동 원리가 그러하듯, 김창인 목사의 민족 복음화를 향한 순수 의지와 그 본령을 향한 집중이 강화된 입체적 결과라고 보는 게 타당한 교회 이전의 원칙으로 읽힌다. 이러한 독법은 충현교회가 선택한 건축 비전의 특징을 통해 구체화된다.

강남을 의식하고 짓지는 않았겠지만 충현교회가 추구한 건축양식의 비전은 보여주기 차원에서의 장식미에 집중했다고 볼 수 있다. 여기서 개신교회가 갖는 모순과 발전적 대립이 발생한다. 개신교회는 하나님 임재와 지속의 방식을 말씀 선포에 뿌리를 두고 전개하는 건축양식을 지향한다. 그 말씀, 로고스의 토대를 바탕으로 보여주기가 이어진다. 그런데 보여주기 방식으로 충현교회가 선택한 익스테리어Exterior의 기반은 신고딕 양식neo-Gothic이다.

현대적 영광과 교회

신고딕 양식의 기본적 특징은 전통과 현실 사이에서의 합리적 고려에 있다. 이렇듯 신고딕 양식은 19세기 유럽 각지에서 나타난 고딕건축의 변주다. 고딕건축만이 가진 장엄함, 고절적孤節的 성스러움이 품은 외연적 화려함은 보존하면서도 구조 합리주의의 국면은 외면하지 않는 명분과 실리의 조화가 신고딕 양식의 본령일 것이다.

충현교회는 개신교회가 성물, 형식보다는 말씀 선포에 집중돼 있음을 부정하지 않는다. 하지만 교회의 대사회적 위상과 가치 지속에 일정 부분 기여할 수 있는 랜드마크 역할 또한 배제하지 않았다. 더욱이 1970년대를 기점으로 급속도로 가속화한 경제성장의 후광

충현교회 예배당은 신고딕 양식에 기반한 건물이다.

속에서 막스 베버로 대표되는 자본주의 정신과 개신교 정신의 또 하나의 대변인 역할을 자임한 청교도 정신과의 결합이라는 표지를 흡수하는 측면에서 충현교회는 교회가 민족, 그리고 국가의 선도적 역할을 수행해야 한다고 믿어버린 것이다. 그 믿음의 결과가 충현교회가 드러낸 건축의 외적 가치 실천인 신고딕 양식이다.

신고딕 양식으로 무장된 충현교회 외관은 하늘을 향해선 주변 건물과의 비교 불가를 낳은 뾰족한 첨탑을 내세우는 데 집중하고 있다. 교회 외벽은 온통 육중한 벽돌들로, 건물 주위를 요새처럼 에워싸고 있다. 얼핏 보면 영적 요새로 읽히는 효과를 강조한 것 같기도 하다.

건축 방법론 차원에서 고딕 양식은 중세로부터 이어진 가톨릭교회의 연장이자 아류라는 위험성에서 완전히 자유로울 순 없다. 하지만 충현교회는 교회의 영적 위상을 교회 외관으로 표현하는 데 고딕 양식 그 자체의 장엄함이 한몫 톡톡히 한다는 영적 판단의 손을 들어주었다. 고딕 양식은 교회 외형을 구축할 때 중세 첨탑 양식 교회를 방불케 한다. 아니, 그 이상의 높이와 지리적 점유를 일궈낸 고딕 양식풍의 도입은 사실상 서구 합리주의의 수용도 아니고, 당시 유행이던 한국적 건축과 서양식 건축의 접목이라는 콘셉트와도 일정 부분 거리를 둔다. 결국 고딕 양식에 있는 그 자체의 장엄함이나 화려함에만 집중하는 것이다. 이는 충현교회가 추구하는 미학적 본질의 뿌리가 세속 도시와의 연대나 조화보다는 세속 도시와 철저히 구별되는 영적 요새를 구축하자는 취지의 구분 짓

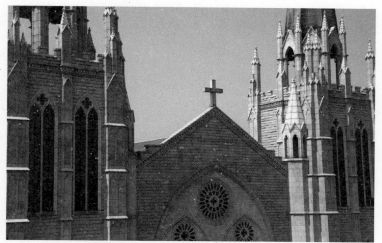

고딕 양식의 장엄미와 화려함은 주변 환경과의 비조화나 비타협의 산물이 아니다.

기라는 사실을 여실히 드러낸다.

그런데 구분 짓기의 의지는 교회 내부를 주목하면서 또 다른 국면을 맞이한다. 외양에서 드러난 고딕 양식의 화려함이 교회 내부로 들어서면 비타협성과 단순함이라는 요소로 전환되는 것이다. 충현교회는 외부의 화려함을 내부 시설에 그대로 계승하지 않았다. 각종 성상과 종교적 이미지, 신의 임재를 상징하는 표현 양식을 중시하던 중세 가톨릭교회와 다르게 충현교회 내부는 단순함이 대표 키워드로 꼽힐 정도로 단출한 양식, 비타협성으로 점철된 정갈함을 유지하고 있다.

휘장처럼 늘어뜨려져 있는 붉은 천을 연상케 하는 강대상 뒤편의 풍경, 전통적 장의자로 마감된 내부의 클래식한 취향이 보여주는

충현교회 예배당 내부모습.

메시지는 충현교회 공간을 접할 때 두 가지 인식을 심어준다. 이른바 내재적 관점에서의 신고딕 양식이 실천되는 것인데, 실제 교인들이 예배에 참여하는 집전의 분출 공간은 극도의 절제와 단순함으로 일관하면서도 교회의 대사회적 랜드마크 기능에 있어서는 범접할 수 없는 요새의 풍취를 견지하려는 안팎의 신성함에 집중한 것이다.

충현교회는 이렇듯 현대 개신교회에서 추구할 수 있는 명분과 실리, 두 입장을 효율적으로 추구하고자 했다. 그렇게 현대사회에서 교회가 하나님 영광을 대리할 수 있는 영적 기관으로 자리매김하고자 한 것이다.

그렇다면 강남구 역삼동에 위치한 지금의 충현교회는 현재진행형으로 하나님 영광을 적실히 구현하는 교회로 자리매김하고 있을까? 아쉽게도 영광은 영광이나, 이 영광은 두 얼굴의 영광인 것 같다.

영광의 두 얼굴

충현교회는 2013년 『동아일보』와 건축 전문 잡지 『SPACE』가 건축가 100인을 대상으로 실시한 해방 이후 최악의 건물 20위에 오르는 씁쓸한 결과를 낳고 말았다. 현장 건축가들과 건축학 교수들이 분석해 내놓은 일관된 결론은 충현교회가 점유한 공간의 미학이 가톨릭 고딕 양식의 단순한 흉내 내기에 지나지 않는다는 점이다.

가톨릭의 특징은 말씀의 중심 가치 지속보다는 자연 계시와 전통에 기인한 성물 숭배, 엄격한 예전, 미학적 건축구조에 따른 공간의 향유에 경도돼 있다. 그러한 기울어짐이 인간의 종교적 관심사 중 하나인 의식을 통한 성스러움의 실감으로 발전된다는 것을 가톨릭은 교리의 한 부분으로 구축해온 것이다.

종교 건축 관점에서 본 고딕 양식의 장엄미와 화려함은 주변 환경과의 비조화나 비타협의 산물이 아니다. 가톨릭 문화로 에워싸인 전체 정서의 집약으로 봐야 한다. 그런 관점에서 충현교회가 개신교 정체성의 하나로 내세운 세속과의 비타협성 일환으로 선택한 고딕 양식은 주변 환경과 어떤 조화나 동의도 구하지 않았으며, 비타협성에 대한 영적 지지조차 미약하게 가라앉은, 이른바 이도 저도 아닌 지리적 고립을 초래했다는 지적을 면할 길이 없다.

턱없이 공격적이고 배타적인 교회의 자리가 엄청난 부동산 자본에 포섭된 욕망의 자리로 변모했다면, 충현교회가 추구하는 영광은 본래의 영적 열정과는 관계없는 욕망의 배설이라는 상징으로 옹립될 수밖에 없는 위험성에 상시 노출된 것이나 다름없는 것이다.

이 책을 통해 굳이 언급하고 싶진 않지만 충현교회는 그 건축물의 부동산적 가치가 급등하는 욕망의 하이어라키Hierarchy, 그 첨단에 올라서는 과정에서 기독교 윤리로도, 세속적 상식으로도 이해하기 어려운 구태한 사건과 부패, 여러 스캔들로 얼룩지고 말았다. 한때 유력한 정치인들과 세상의 빛과 소금이길 원했던 오피니언 리더들이 모여든 개신교회의 대표 주자를 표방하던 교회의 상징은 이제 우스꽝스러운 형해만 남은 고딕 양식의 외로운 세력 과시로 표류하는 듯 보이는 건 필자만의 우려일까.

욕망과 성스러움,
그 경계에서

개신교회의 공간 점유, 그 본래 목적은 그리스도의 선포와 나눔에 있다. 선포와 나눔의 결이 개인 영성 강화이든, 사회적 정의 실현을 위한 연대로 발전되든 개신교 교회 건축의 과제로 분명한 한 가지 주제를 잃어버려선 안 될 것이다. 욕망과 성스러움, 그 경계에서 끊임없이 긴장하고 질문을 던지는 주제 의식이 그것이다.

21세기 한국 사회의 자본주의가 강남에서 시작해 강남으로 마무리되는 현실은 비극적이지만 대세가 되어버린 것 같다. 승리, 경쟁, 착취, 약탈이라는 욕망의 정치학이 폭탄 돌리기를 벌이는 곳을 상징적 의미로 대표하는 강남으로 본다면, 한국의 개신교회는 과연 이 '강남'이란 상징에 얼마나 비루하고 집요할 정도로 지분 요구를 하는 걸까. 지금이라도 그 지분을 포기하고 이제까지 강남과 연루된 상징 카르텔로부터 디폴트default를 선언해야 하는 것은 아닐까. 그 영적 디폴트 선언이 그리스도의 선포에 최우선으로 자리매김해야 하는 것은 아닐까.

충현교회를 통해 우리는 개신교 교회 건축의 명과 암을 또렷이 목도하는 현실과 마주하고 있다. 이 엄정한 현실 앞에서 회의적인 비판만이 아닌 새로운 틀거리에 대한 모색과 나눔이 절실해 보인다. 그 절실함이 개신교 현대건축을 다시금 재구성할 밑거름이 되어줄 것이다.

신과 인간의 자리, 그 경계를 넘어
성락교회

1인 카리스마와 베뢰아 운동

서울 신길동에 위치한 성락교회는 카리스마 넘치는 김기동 목사라는 인물에 의해 개척과 폭발적 성장, 그리고 서글픈 쇠퇴라는 드라마를 연출하고 있다.

1969년, 개척 멤버 7명으로 시작한 성락교회는 본래 기독교한국침례회(박종철 총회장, 이후 '기침') 소속이었으나 1980년대 후반 김기동 목사의 신학에 관한 이단성 논란이 수차례 발생하자 교단을 탈퇴했다. 김 목사는 자신과 방향을 같이하는 교회, 목사들과 함께 기독교남침례회 교단을 세워 독립하기에 이른다.

한때는 극동방송 라디오 설교 코너에서 매주 설교를 방송하기도하고 '기침' 지방회장을 역임하기도 했으나, 이단 시비 이후 기성 교계와의 교류를 끊다시피 해 도심 속 거대한 외딴 섬 같은 교회로 지냈다. 그렇지만 성락교회는 자신들의 고립을 외로운 의인의 핍박으로 합리화했다. 귀신론부터 시작해 축사 시비, 마귀론 등 숱한 성경 해석상 이단 시비 논란이 계속됐으나, 한때 세계 침례교회 중에서 신도 수가 가장 많은 교회에 손꼽히는 등 기염을 토했다.

하지만 오늘의 성락교회는 새로운 개혁의 목소리에 눈뜨고 있다. 성락교회에서 가장 큰 지분을 당연한 것처럼 요구하던 김기동 목사 신변을 둘러싼 문제는 구설수 차원을 넘어선 비상식의 극치로 일관됐다. 교회를 두고 아들과 아버지 사이에 일어난 세습 체제 갈등은 오히려 가벼운 문제로 내려앉았을 정도다.

이러한 쇠락의 징후는 소위 1인 카리스마의 종언과 직결되는데, 그 반대 지점에서 하나의 이례적 사건으로, 1인 카리스마 비상식에 대한 근본적 의문 제기와 대안을 촉구하는 이들이 '성락교회 개혁'이라는 키워드로 자리 잡은 것이다. 이 움직임은 평신도 행동과 무관하지 않은데, 성락교회를 대표하는 또 다른 키워드인 '베뢰아 운동'의 기의교환記意交換이 작동된 것으로 볼 수 있다.

필자는 본 책을 통해 김기동 목사와 그가 전개하는 성경 해석 스타일에 배어든 비신학적 요소를 다루고 싶은 생각은 없다. 하지만 그 스타일의 집약이라 할 수 있는 베뢰아 운동이 도리어 1인 목회자로 집중된 카리스마와 대립하는 성격을 바탕으로 진화하고 있으며, 지금 주목해야 할 성락교회 건축과의 관계 역시 배제할 수 없

성락교회 신길동 본당. 성락교회교회개혁협의회(교개협) 교인들이 이곳에서 예배한다.

기에 소개해보기로 한다.

베뢰아 운동은 김기동 목사의 카리스마적 가르침과 무관하게 성경 사도행전 17:11-12에 기록된 베뢰아 사람의 행실을 모티프로 전개된다. 이는 간절한 마음으로 말씀을 받고 이것이 그러한지 날마다 성경을 상고하자는 메시지로 압축된다. 성경에 대한 자세가 신사적인 사람으로, 성경에 무릎 꿇는 겸손한 삶을 살자는 운동으로 시작한 베뢰아 운동은 그 주요 내용이 신약 교회 운동, 성경 닮기 운동, 평신도 운동으로 대표된다.

필자는 이 지점에서 묻고자 한다. 과연 오늘의 성락교회는 베뢰아 운동이 말하던 평신도 운동에 어떤 식으로 관계 맺고 있는지. 성락교회의 건축적 의미는 1인 카리스마에 의해 허울뿐인 장식에

신도림동에 위치한 성락교회 크리스천세계선교센터. 김기동 목사를 지지하는 교인들이 이곳에서 예배한다.

머무르고 말 위기에서 어떤 자세를 취하고 있는지. 본 책은 그 질문에 대한 현재진행형으로서의 답을 구하고자 한다.

현대 개신교회의 딜레마
-성락교회 신길 본당

성락교회 신길 본당은 제11회 서울시 건축 대상 금상을 수상했다. 이 건축물은 건축가로서는 이른 30대 나이에 스타 건축가로 발돋움한, 현재는 대한민국 건축계 거장으로 자리매김한 함인선의 데뷔작이다.

복잡함을 넘어 이질적 특성의 조합이라고까지 느껴지는 영등포역 남쪽, 신길동 일대는 그 지역만의 확실한 특징을 찾기가 어렵다. 빼곡히 들어선 다세대·다가구 주택들과 그사이에 불쑥불쑥 솟은 아파트의 운집이 전부인 이곳 풍경에 자리 잡은 서울 성락교회 본당의 매스Mass는 그 특별한 위용이 상대적으로 더 크게 강조되어 있다.

도림로를 향해 있는 성락교회 파사드Facade와 마주하는 순간, 필자는 고딕 양식을 떠올렸다. 엄밀히 말하면 유사 고딕 양식이다.

교회 설계자 함인선은 "고딕 양식을 차용하되 스타일로서가 아니라 그 정신을 닮도록 하자는 것"을 계획의 과제라 밝히며, 현대 개신교회가 가진 성聖과 속俗의 근본적 딜레마를 노출하는 도전을 감행한다고 했다. 그 도전이란, 교회는 곧 신의 자리라는 등식으로 지탱해오던 중세로 대표되는 교회 인식에 맞서, 교회는 인간의 자리라는 모순 구조가 일으키는 생명의 긴장을 건축물 자체에 가감 없이 노출하는 방법을 뜻한다.

이러한 긴장은 개신교회에 있는 회중 교회 기능, 수평적 연대라는 기술적 바탕 위에 소위 말하는 신의 임재로 상징되는 종교 시설의 정체성을 입히는 발전적 길항작용의 추구로 연결된다. 이러한 발전적 길항작용이 추구하는 건축적 의미는 교회 구성원들에게 직간접적으로 개신교회의 본령에 충실하게 하는 효과를 제공한다.

성락교회 예배당의 외양은 노출된 구조와 설비로 특징지을 수 있다. 이 특징의 바탕 위에 종교 건물로서 장식을 덧붙인다. 이는 건

성락교회 신길 본당은 다른 대규모 예배당과 달리 상대적으로 검소한 외양을 띤다.

축의 외부를 신의 자리에 대한 무조건적 존엄을 표현하는 중세 성당의 무리수를 최소화하고, 시각적 감응에서 회중을 위한 교회라는 평등의 메시지를 전달한다. 노출 방식을 전격 도입해 얻게 되는 낮아진 건물 높이, 화강석 마감, 베이스 판, 폴리 데크 등 저렴한 보급형 자재 도입은 검소한 분위기를 조성한다. 이러한 외부 조형 방식과 재료가 도시 내 대형 교회가 지향할 건강한 예시를 제시했다.

아울러 성락교회는 현대 건축 공법이 총동원된, 이른바 기술적 진보가 집약된 건축물이다. 기술적 진보가 상징하는 바는 회중 교회가 지향하는 진보적 신앙 태도를 지지하는 역동적 표현을 담보하는 결과로 이어진다.

역동적 표현으로 가득한 공간이 이끌어내는 반응은 1인 카리스마 체제로 무장해온 성락교회의 암묵적 전통과는 뜻 모를 긴장을 불러온다. 진보적 신앙 태도로 이어질 법한 건축물 자체가 지닌 사건이 개신교회에 있는 또 하나의 특징 평신도 행동의 잠재력을 극대화해온 것이다.

지난날 성락교회를 지배해온 분위기는 성경의 권위를 빙자해 목회자 권위를 앞세우는 정서가 주류였다. 하지만 이런 분위기 속에서도 성락교회 예배당은 평신도 행동이 켜켜이 쌓여가는 정서의 저항을 담지하고 있었다는 사실을 놓쳐서는 안 된다.

평신도 행동의 전방위적 저항을 뒷받침해주는 요소는 또 하나 있다. 외부에서 내부로 진입할 때의 메시지가 신의 자리에서 인간의 자리로 연결되는 긴장과 습합의 경이를 일으키는 충돌 관계가 그것이다.

신의 자리에서
인간의 자리로

앞서 밝혔듯이 현대 개신교회 건축의 딜레마는 공간 구성과 내용은 회중 교회다운 기능을 갖췄지만 종교 건축물이라고 표방하는 외적 표현에서는 종교적 감흥을 고취하는 성스러운 표현을 이끌어내야 한다는 점이다. 그런데 성락교회 건축은 종교적 감흥을 상징하는 신의 자리에서 인간의 자리로의 귀환, 그렇게 내려앉은 인간의 자리에서 다시 신을 생각하는 내면의 신앙화를 이끌어내는 극단적 처방을 사용한다.

무엇보다 성락교회는 종교 시설에서 중요하다고 생각하는 속俗의 세계에서 성聖의 세계로 들어오는 과정에 요청되는 전이 공간을 마련하지 않았다. 외적 표현에서 잠깐 드러난 성스러움을 담보한 건축 외양은 이내 교회 공간 내부에 포진한 회중 중심 공간에 의해 잠식된다.

이러한 잠식은 오히려 성과 속의 구분을 무화시키는 하나님 안에서의 인간다움을 지속하는 무심함으로 나타난다. 이제 내부 공간을 채우는 것은 성스러움의 경험을 외양에서만 찾지 않고 내재적 관점에서 채우려는 회중의 몫이다. 달리 말해 하나님 말씀을 특별한 것이 아닌 일상에서 길어 올리는 평신도 행동이 본격화된 것이다.

성락교회 건축물 곳곳에는 성경적 상징들이 포진해 있다. 이를테면 포탈 프레임으로 외부에 노출된 트러스 구조체의 모양과 붉은색이 가시면류관과 호렙산의 떨기나무를 연상케 한다거나, 건물 양쪽 기둥 수가 열두 제자 숫자와 같은 12개라는 것. 1층 로비에서 최상층 예배당으로 신자들을 유도하는 양쪽 계단 탑에서 볼 수 있는 '천상을 향한 문' 혹은 '야곱의 사다리' 이미지를 암시하는 천창과 벽화. 끝으로 예배당 앞에 있는 3층 로비 바닥 패턴을 통해 읽히는 혼돈으로부터 신의 구원을 찾는 갈구에 대한 상징의 흔적들이 그렇다.

지금도 성락교회 안에서는 수많은 평신도 행동의 외침과 절규가 계속되고 있다.

　상징의 퇴적은 오히려 신의 자리를 인간의 몸과 정신으로 체현하기 위한 평신도 행동의 절정이 스며드는 것을 거부하지 않는다. 무심한 듯 무심하지 않은, 독재에 가까운 권위 없이도 교회를 지속할 수 있는 동력을 스스로 찾아내는 것이다.

　그래서일까. 아니면, 예고된 재앙이었을까. 아들에게 교회를 세습하는 것도 모자라 또다시 은퇴를 번복하고 주인 자리로 되돌아오려 했던 1인 카리스마의 노욕은 결국 평신도 행동에 의해 서럽게 발가벗겨지고 말았다.

평신도를 향한 한 걸음,
한국교회를 향한 한 걸음

지금까지 성락교회를 이끌어온 요소가 1인 목사의 카리스마로 이해하는 시선이라는 것이 지난날의 여론이었다. 의도하든 의도하지 않든 '베뢰아'라는 키워드는 이제 1인 카리스마 지배에서 벗어나려는 엑소더스의 상징으로 새롭게 약동하고 있다.

평신도 중심의 예전 행위로 자연스럽게 몰입되는 성락교회 예배당 외부와 내부 건축의 공간적 수평성이 이제는 평신도를 향해 다가갈 수밖에 없는 영적 필연성임을 스스로 증명해가고 있다. 그 필연성이 오늘의 성락교회, 그 불가해할 정도의 활력으로 폭발하는 평신도 행동의 저력을 이끌어낸 것은 아닐까.

평신도 행동 이전의 성락교회는, 각종 스캔들과 비리의 온상이 된 현주소에 대해 교리의 비정상성이 극치에 이른 책임을 묻는 것 자체를 원천 봉쇄하기 위해 교회 공간을 멋대로 폐쇄하는 등 비상식적 작태를 지속해왔다. 그 결과, 교회 자체 이미지가 안팎으로 무너지는 자멸의 길로 가는 듯하다.

성락교회 안에서는 한국교회와의 건강한 소통과 연대를 갈구하는 수많은 평신도 행동의 외침과 절규가 계속되고 있다. 그 절규의 현재진행형이 오늘날 한국 개신교회를 향해 선한 사마리아인의 손길을 떠올리게 하는 진정한 소통의 질문이 되어 아프게 다가온다.

교회의 주인, 특별히 개신교회가 표방하는 종교적 신성은 1인 카리스마, 혹은 하나님의 이름을 빙자한 고등 사기의 마수가 아닌 항구적 새로움을 향해 나아가는 한 걸음에 있다. 그 한 걸음이 바로 하나님 나라의 역사요, 주인이라는 사실을 고백하는 준엄함 위에 성락교회는 힘겹고 지난한 숨길을 이어가고 있다. 그 숨길이 끊어지지 않기를 기도한다.

3

위가 아닌 아래를 향하는 교회

미니멀리즘을 지향하는 교회
이화여자대학교대학교회

한국교회, 또 하나의 유형

　최근의 한국교회를 구분 짓는 방식 중 가장 핫한 방식은 아마도 대형 교회와 작은 교회 간 구분일 것이다. 이러한 유형 구분에는 비대화한 대형 교회의 각종 문제점을 지적하고 이에 대한 대안을 모색하는 의미에서 작은 교회와의 구분 짓기 의도가 담겨 있음을 피하기 어렵다. 실제로 메가 처치mega church로도 알려진 대형 교회가 보여준 현상적이고 사회학적인 한계가 분명히 탄로 난 부분에 있어서도 이러한 구분이 유의미한 성찰 기제로 개신교계에 작동한 사실을 간과할 순 없을 것이다.

　하지만 한국교회를 사회학적·의미론적으로 구분 지을 때 또 한

이화여자대학교대학교회 예배당.

가지 빠뜨려선 안 되는 유형이 있다. 대학 교회에 대한 유형 구분이 그렇다.

대학 교회란 무엇인가

대학 교회는 일반 교회와는 달리 대학 관계자들이 주체가 되어 설립한 교회다. 학문의 최선봉에 선 이들이 스스로 학문과 신앙의 성숙한 조화를 위해 설립 의도가 오롯이 묻어나 있는 교회가 바로 대학 교회인 것이다. 물론 학원 선교라는 구심점으로 사용되는 교회가 대학 교회의 기능 중 한 부분을 차지하긴 한다. 하지만 본래

대학 교회의 본질적 정신은 선교적 목적에 있다기보다는 신앙이 어느 교단, 교파의 분위기에 휩쓸리지 않고 학문적 성취와 이를 확장하게 하는 연구 풍토에서 자라날 수 있도록 배려하는 의도가 더 깊게 스며들어 있다고 볼 수 있다.

그래서일까. 대학 교회는 조직 구성체를 최소한 간소화하며, 기능 면에서 매우 미니멀minimal한 특성을 갖는다. 여기서 주목할 수 있는 미니멀함은, 흔히 전도와 성장을 교회의 존재 목적으로까지 생각하는 일반 교회가 추구하는 구령 위주 조직 구조의 최소화를 도모한다는 데 용이한 기능적 특성을 보유했다는 점이 강조된다. 대학 교회는 그렇게 간소화한, 기능의 배제로 확보된 여백에 지성 공동체가 가진 풍부한 지적·인적 자원을 활용해 신학 속에서 신앙을 추구할 수 있는 특징을 가진 교회로 존립한다. 이는 갈수록 신학적 성찰이 고갈되어가는 개신교에 새로운 존재 양식을 선보일 수 있다는 강점을 제공한다. 일반 교회에서는 쉽게 시도하기 어려운 교회 공동체의 다양한 존재 양식과 기능을 허용하거나 개발할 여지가 있기에 가능하다.

필자는 그런 의미에서 미니멀한 특성을 가장 입체적이며 확장 가능성으로 구현하는 이화여자대학교대학교회(이화여자대학교회)를 주목했다. 1935년에 설립되어 오늘에 이르는 이화여자대학교회는 어느새 약 80년의 역사가 담긴 교회가 되었다. 80년이란 시간이 주는 한국사적 의미는 상당할 것이다. 그 기간에 이화여자대학교회는 단순히 학교 내 교회에만 머무르지 않고 복음과 사회를 향한 예언

예배당 내부. 2층 측면에서 내려다본 모습.

자적 지성의 통로로 기능해왔다.

이성과 감성의 소통, 복음과 예언의 적절한 조화와 병행이란 특징을 갖는 이화여자대학교회는 여기에 또 하나의 특징을 얻는다. 그중 하나는 대한민국 최초의 대학 교회란 점이다. 거기에 또 하나, 여성 대학 안에서 여성 인권과 젠더 인식의 사상적 상승에 기여하는 태생적 특징을 지녔다는 점이다.

초교파적이며 탈권위적 입장을 표방하며 그 노선을 지속적으로 견지한다는 의미에서 이화여자대학교회는 최초의 대학 교회란 타이틀의 유의미성을 이어가고 있다. 아울러 여성 인권 향상에 애쓰고 탈권위적 태도를 지향한다는 점에서 한국 사회에 여전히 만연해 있는 남녀 차별에 대한 혁신의 통로로 쓰임 받는다는 점에서도 그 존재 가치는 확실해 보인다. 모든 대학 교회가 이런 두 가지 특징의 유의미성을 지속하지 못하는 현실에서 이를 지속해나가는 이화여자대학교회는 어떤 힘을 갖고 있을까. 필자는 그 특성을 의외의 맥락에서 짚어보고자 한다. 바로 미니멀리즘의 맥락이다.

미니멀리즘의 맥락

미니멀리즘은 통상 최소의 것을 지향해 가장 근원적인 사물, 그 자체의 리얼리즘을 찾으려는 미학 사조로 이해된다. 이러한 미니멀리즘은 본래의 예술 행위, 미학적 표현에 전용되는 경향이 있지만 미니멀리즘의 적용 사례는 사실 종교의식의 최소성에 가장 적합하게 구현된다는 게 필자의 견해다.

개신교의 정체성 중 하나가 의식의 화려함보단 오직 믿음이란 정신적 일체성 지향에서 비롯되었음을 외면할 수 없다면 미니멀리즘은 공간의 단순함을 통해, 종교의식을 마치 신을 향한 인간 행위의 계급 지향적 정성으로 오해할 수 있는 형식적 요소를 걷어내는 기능을 추구한다는 점에서 개신교적이라 할 수 있다.

종교 예전과 예식에 있어서 거품처럼 따라붙는 허위와 위선의 과잉을 선제적으로 걷어내는 미적 활동인 미니멀리즘은 공간 구성에서부터 시작되는데, 이화여자대학교회의 건축과 그 내부의 예배당은 미니멀리즘의 향연이란 키워드로 대표되기에 부족함이 없다.

천장을 올려다보면 십자가가 나타난다.

이화여자대학교대학교회,
미니멀리즘의 향연

대학 교회 건물은 공간 활용의 폭이나 그 쓰임새를 최대치로 확대한 바로 옆 국제교육관 건물과 기능 면에서 확연한 차이를 보인다. 외관상 보이는 비효율성이 그렇다는 건데, 이때 언급한 비효율성은 기능주의 측면에서 그렇다는 것이다. 대학 교회 건물은 국제교육관 건물과 규모, 용적률 면에서 거의 비등한 데 반해 층고나 구성체의 모습이 수직성을 강조하고 용적률 활용을 극대화한 국제 교육관 건물과 비교했을 때, 현저한 여백을 보여준다.

이러한 대학 교회 건물은 사실 주변 건물의 쓰임새나 도시환경 전체 흐름에서 보면 부조화의 맥락으로 읽히기 십상이다. 하지만 우리가 일반적으로 사용하는 비효율성의 맥락을 '최소화를 통한 여백의 미학'에 집중하는 미니멀리즘의 관점으로 전환해서 본다면 그것은 더이상 비효율, 비합리주의가 아니다. 그것은 소통과 성찰의 가능성 확대로 읽는 게 정확할 것이다.

내부 예배당에서 보여준 무채색 계열의 마감 역시 배후 장식이나 공간의 변형 및 종교의식을 강조하는 장식을 통한 예배 감정의 고조가 최대한 억제된다는 점에서 미니멀리즘의 흔적이 강하게 체감된다. 무엇보다 이화여자대학교회 안팎을 미니멀 지향으로 마감하는 건 창의 모양과 그 쓰임새다.

가로세로, 기하학적으로 분할된 전체 규모에 비해 지극히 협소한 폭을 지닌 직사각형으로 된 창의 틈새가 이화여자대학교회 건물의 대표적 특징이다. 이는 벽면의 한쪽 대부분을 차지하는 기존 건물의 넓은 창문과 다르게 빛의 틈입을 세밀히 통제한다. 공간 돌입의 시작부터 빛을 통제하는 것인데, 그 이유는 무엇일까. 이는 황홀하리만치 철저하게 빛의 신비를 역설적으로 강조하는 신학적 통찰의 계기를 제공하는 데 그 의의가 있으며, 이는 미니멀리즘의 궁극적 신비와 궤를 같이한다.

신비의 여흥은 대학 교회 건물을 지나 이화여대 ECC관 안에 위

가로세로로 직사각형 창들이 벽면을 차지하고 있다.　　　이화여대 ECC관 내부에 있는 기도실.

치해 있는 기도실에도 그대로 이어진다. 끝 모르고 치솟는 상승 욕구를 단호히 억제하고 밑으로 하강하는 겸손의 성찰을 공간 축조 과정에 그대로 녹여낸 ECC관 내부에 위치한 한 평(3.3㎡) 남짓한 기도실 역시 성찰하는 공간으로서의 미덕을 극대화한다.

　나선형으로 구성된 외관과 입구를 들어서서 기도실 내부에 거하면 좁은 느낌보다는 우주의 한복판에 선 것 같은 경외심이 긍정적 의미에서 선동한다. 그 선동에 취해 두 손을 모으고 눈을 감으면 최소화한 상태지만 가장 넓고 공활한 절대공간으로 나아가는 듯한 느낌을 받게 된다. 대자연의 바람 소리가 들려오는 듯 육체의 감각에서 영적 감각으로의 감각 전이가 느껴진다. 대학 교회 건물 창문이 보여준 빛의 세밀한 틈입과 같은 동일한 신비가 느껴지는 것이다.

　인간이 자연환경을 통해 빛을 느낄 수 있는 여지는 다양하고 편리하다. 그러다 보니 인간은 도리어 자연현상의 풍요를 통한 자연,

창조, 신성의 편재와 그 지속에 대해 무심해지는 무감각의 악마와 친구가 된다. 문명은 이러한 인간의 무심함에 오만한 지배와 권력 의지를 덧씌워 자연현상의 빛이 가진 소중함, 더 깊이 들어가 인간 역사를 전체적으로 아우르는 생명 가치를 더없이 대수롭지 않고 비루한 것으로 전락하게 만들었다.

이화여자대학교회 공간은 빛을 최소화하고 예배 감정을 공감각 적으로 선동하는 색채나 장식을 철저히 배제한다. 이로써 하나님 앞에 선 인간의 실존을 더없이 최소화한다.

무궁한 자연, 창조의 중심 앞에 선 아무것도 아닌 인간이 창조주 의 임재를 느끼는 순간, 인간에게는 무엇이 다가올까? 신의 위엄에 대한 맹목적 두려움일까? 아니다. 신, 곧 하나님의 무한한 포용과 끌어안음이다. 최초의 대학 교회, 여성 젠더를 향한 치열한 인식을 지속하는 이화여자대학교회가 이끌어내는 여성성의 궁극은 권력, 계급, 욕망이 최소화한 미니멀한 공간에서 오직 신의 임재만을 느 끼는 인간 이해, 하나님 이해인 것이다.

대학 교회,
새로운 교회론을 향해

우리는 2017년, 지성의 상아탑이며 여성 의식화의 선두로 알려 진 이화여대가 겪은 치욕의 사건을 결코 잊지 못한다. 이화여대는 국정 농단의 주역들을 낳고 탄핵이란 비극의 주인공이 되어서도 여전히 희생자 코스프레에만 남은 인생을 거는 일그러진 영웅들의 파괴적 만행으로 만신창이가 되고 말았다. 그로 인해 수많은 학생과 시민은 분노했고 절망했다.

필자는 진정 묻고 싶다. 최소주의 의지를 피력한 이화여자대학교회의 미니멀리즘은 한낮 공간의 유희에 지나지 않았는가. 기독교 학교임을 주장하며 한국 근현대사에 여성 젠더의 발전과 선도를 이끈 대학의 기본 정신을 다잡는 최후 성찰의 보루였던 대학 교회는 그저 허울뿐인 구색 맞추기에 불과했단 말인가.

이는 비단 필자 혼자만의 질문이 아닐 것이다. 이 땅의 대학 교회가 지성과 영성의 건강한 보루로 남아주길 바라는 한국 크리스천 모두의 질문일 것이다.

이제 이화여자대학교회는 한국 크리스천 모두에게 대답할 때가 되었다. 대학 교회 건축물과 예배당이 보여준 것과 같이 진리와 본질에만 집중하는 미니멀리즘을 지향하는 영적 가치를 보여줄 것인지, 아니면 잔해만 남아버린 상아탑, 비루한 과거의 영광에만 사로잡힌 노욕의 뒤안길로 사라질 것인지 말이다.

비전과 리얼리즘 사이에서
아트교회

작은 교회의 의미를 묻다

2011년 겨울에 시작해 오늘까지 버티고(?) 있는, 한국독립교회선교단체연합회(카이캄) 소속의 아트교회는 작은 교회다. 작은 교회의 정의를 공간과 상대적으로 적용할 수 있다는 가정에서 볼 때, 작은 교회는 문자 그대로 인원수가 대형 교회에 비해 적은 교회를 말한다. 여기에 대형 교회나 준대형 교회와 비교했을 때 작은 교회를 말하는 기준은 자가 건축물이냐 임대 건축물이냐의 구분으로 분류될 수 있다.

그런 잣대로 볼 때, 아트교회는 명백히 작은 교회다. 아트교회는 2011년 겨울, 제법 큰 규모에 내실까지 갖춘 성결교회로부터 분립해 나왔다. 이후 2014년 하반기까지 고정된 교회 공간 없이 카페, 음식점, 모임 전문 공간 등을 시간당으로 빌려가며 예배를 하다가 2014년 겨울 서울 강남구 신사동 지하 공간을 임대해 오늘에 이르게 된다. 10명 남짓한 고정 출석 교인을 중심으로 시작한 아트교회는, 입소문만으로 찾아온 이들이 하

아트교회는 충무로에서 40평 남짓한 공간을 임대해 예배당으로 사용하고 있다.

나둘 정착하면서 현재는 서른 명 남짓한 인원의 교회 공동체가 되었다.

강남구 신사동 지하 공간을 시작으로, 현재 충무로로 임대 공간을 이전한 아트교회는 근린생활시설 건축물에 40평 남짓한 공간을 보증금 얼마, 월세 얼마의 형식으로 계약해 사용하는 임대 교회다. 이러한 조건은 리얼리즘 측면에서 한국교회 절대다수가 실감하는 교회 형태와 유사하다. 유사하다는 것은 한국교회 대부분이 공유하는 비슷한 고민이 담겨 있다는 뜻이기도 하다. 임대로 예배당을 사용하는 다수의 교회가 품은 고민을 발견하게 되는데, 바로 비전에 대한 고민이다. 여기서 비전은 자연스럽게 교회다움을 향한 고민과 직결된다.

비전을 수립하고 교회다움을 고민할 때 그 뿌리가 규모와 조직을 의식하는 것에서부터 자유롭지 못한 게 솔직한 현실이다. 이면을 들여다보면 '비전'이란 키워드는 반드시 이룰 수 있다는 현실적 목표가 아니라 팍팍한 현실을 잠시 잊게 해주는 마취제로 작동되는 게 대부분이다. 아울러 그 비전을 교회다움의 기준으로 간주해야 한다는 암묵적 합의가 스며들어 있음을 확인하게 된다. 교회 비전은 겉으로 '하나님', '사랑' 등을 말하지만 그 실체는 리얼리즘의 견고한 바탕을 향한 도전 내지는 타협이란 올가미로부터 자유롭지 못한 것이다.

이렇듯 다분히 비현실적 선동으로 윤색되어가는 비전과 그 비전의 성취 여부를 진단하게 해주는 리얼리즘 사이에서 그럭저럭 임대교회의 새로운 가능성을 제시하는 교회로서 아트교회를 살펴볼 필요가 있다.

노마디즘*

아트교회는 공동체 구성원의 진화를 거듭해왔다. '아트교회'란 교회 이름만 봐도 유추 가능하듯, 초기 아트교회 구성원은 클래식 아티스트 등 예술인 위주였다. 이른바 특성화 교회 형식을 갖췄다.

---

* 유목민의 삶과 같이 특정한 곳에 머무르지 않는 사회현상을 표현하는 철학적 명제. 질 들뢰즈와 펠릭스 가타리의 저작 《천 개의 고원》에서 다룬 유목론에 주목한 한국의 철학자 이진경이 제시한 명제다.

하지만 시간이 지나면서 아트교회는 눈에 보이는 예술 행위와 상관없어 보이는 이들도 참여하기 시작했다. 직업, 나이, 주거지, 취미, 관심사, 심지어 정치 성향, 종교적 신념의 스펙트럼까지 상이한 이들이 모여든 것이다.

특성화된 전문 예술인들의 모임으로 시작한 교회가 초대교회 당시 안디옥교회처럼 진화할 수 있었던 저변엔 역설적으로 노마디즘이 교회다움의 바탕으로 자리 잡았기에 가능한 일이었다. 철학적 함의를 넘어서서 삶의 자리를 말해주는 의미로서 노마디즘은 정착 프레임을 넘어 떠돌이 상태의 지속을 강조한다. 유랑, 나그네 정신에 뒤따르는 필연적 결과는 내부 공간을 구성한 정서에 적실히 반영된다. 아트교회의 내부 공간은 고정된 전통을 넘어서려는 플럭서스* 미학으로 채워져 있다. 이는 단지 정신세계에만 머무르지 않고 점유하는 공간에 그대로 발현되는데, 그 특징은 최소주의와 가변성으로 대표된다.

최소주의와 가변성

아트교회 내부 공간은 당장 내일이라도 철수할 것처럼 미니멀하

---

* 1962년 독일에서 결성되어 1970년대 초까지 활동한 극단적으로 반예술적이고 실험적이었던 미술 운동 및 그 예술가들의 무리. 라틴어로 '흐름', '변화'를 뜻하며, 모든 예술적 의도는 인위적 성격을 가진다고 보고 기존의 예술과 문화를 거부하는 실험적인 작품을 시도했다.

다. 한마디로 교회로 볼 만한 게 없다는 뜻이다.

아트교회는 흔히 기본적으로 생각할 법한 종교 시설다운 쓰임새가 보이지 않는다. 강대상, 십자가, 의자, 기타 예전禮典과 관련한 시설이 그 흔적으로도 존재하지 않는다. 이는 비단 종교 시설다움의 소거를 넘어서서 공간 전체의 비움으로 확장된다. 공간 전체가 여백과 비움의 여지로 충만한 것이다. 이는 단지 작은 공간을 실효성 있게 사용하려는 공간 정리와는 그 개념이 다르다. 점유하는 공간 자체를 여백이란 의미로 받아들이고, 그 여백의 진공상태 자체를 정신적 예전의 한 형식으로 받아들이는 최소주의가 표현된 것이다.

아울러 아트교회의 내부 공간은 상황과 콘셉트, 그 공간의 쓰임새에 따라 언제든 수월하게 대치 가능한 가변성을 갖추고 있다. 아트교회는 그 초창기부터 공간을 전시회, 미니 음악회, 미니 콘서트, 각종 인문학 모임으로 활용해왔다. 이는 공간을 사용하는 구성원들의 사용 범위를 최대한으로 확장하고 공동체의 유휴시간을 극대화하기 위한 방편에서 시작된 가변성의 극치다.

아트교회는 종교적 포교 목적을 최대한 배제한 채 탈종교화한 문화 예술 행사를 쉼 없이 계속해왔다. 이로써 공간의 가변성이 언제든 가능할 수 있는 유연한 공간 구성에 집중되는 효과를 이끌어냈다. 이때의 가변성 역시 공간을 단지 효율적으로 사용하자는 의도의 차원을 넘어선다. 아트교회의 가변성은 공간, 그 공간을 점유한 사용자, 그곳을 통해 흐르는 다양한 미학적 직관에 경도되는 향유

교회는 공간을 전시회, 미니 음악회, 각종 인문학 모임 등으로 활용한다.

자들이 자연 발생적으로 일궈내는 찰나의 표현에 방점을 찍는 표현 의지가 있었기에 가능했다.

이렇듯 아트교회는 노마디즘에서 비롯된 최소주의와 가변성의 변주를 창조적으로 변주해가며 교회로서 명맥을 이어오고 있다. 교회다움의 지속 가능성을 노마디즘에 근거한 것인데, 이 경우 아트교회는 노마디즘 안팎에 대한 사유를 자연스럽게 이끌어낸다.

외면적 노마디즘은 사실상 리얼리즘 영향을 강하게 받는다. 아트교회는 내면의 의도와는 별개로 적은 인원이 모이는 작은 교회다. 그런 작은 규모의 이들이 길어 올리는 찰나적 표현들의 중첩, 그 어우러짐으로 태동한 노마디즘이 곧 교회다움으로 발전한 것이다.

이 경우 다시 비전이 떠오른다. 과연 비전과 노마디즘은 어울릴 법한 조합인가.

탈종교성을 통해
종교성 발견하기

비전은 꿈, 환상을 대표한다. 마인드컨트롤의 주요한 작동 기제로 작동되기도 한다. 한국교회 성장 과정에서도 비전은 대단히 중요한 위치를 차지해왔다. 비록 그것이 예수 그리스도의 정신과 별로 상관없다 하더라도 비전은 교회를 다니는 이들에게 종교의 신성이 제공하는 전리품을 대신한다. 꿈과 희망, 거기에 죄책의 면죄부까지. 이처럼 비전은 한국교회를 성장케 하고 더불어 지속 가능케 하는 엔진이 된 지 오래다.

그런데 이러한 한국교회 작동 기제가 된 비전의 바탕에 노마디즘을 접합해보면 상황이 특이해진다. 그 나름의 철학적 거창함과는 별도로 노마디즘은 리얼리즘 관점에서 보면 교회 존립에 두 가지 심각한 근심거리를 초래한다. 노마디즘을 지속할 경우 과연 교회 운영이 가능할지에 대한 대단히 현실적인 근심이다. 그 근심거리는 소용돌이와 같이 그다음 근심을 이끌어낸다. 과연 교회다움으로 노마디즘을 말하는 게 가당키나 한 걸까. 교회다움 자체를 훼손하는 비종교성, 세속화의 굴레로 연결되지는 않을까 하는 근심에서 그렇다.

오늘의 한국교회가 가진 공간이 처한 딜레마는 바로 이 지점에 뿌리내렸다 해도 과언이 아니다. 비전을 이야기하면 할수록 목표는 또렷해진다. 그 목표는 어떤 종류라 해도 결국 공간 점유의 필연성을 거론하지 않을 수 없게 만든다. 거기에 공간에 대한 장엄함과 성스러움까지 들먹거리면 가히 점입가경이

아트교회는 오늘의 교회 현실에 적절한 화두를 제시한다.

다. 공간이 교회다움을 유지하기 위해 품어야 하는 최후의 보루를 갖춰야만 한다고 단정하게 만드는 것이다.

이 지점에서 노마디즘이 비전의 자리에 강고히 파고들면 국면이 달라진다. 욕구 성취의 수단인 목표를 뒷받침하는 비전의 틈새에 '아무것도 아닌 그 모든 것'이란 수식어로 표현 가능한 유랑의 정신으로 대표되는 여백의 극대화가 제시될 경우, 교회는 그 스스로 '최후의 보루'로 간주해오던 교회다움을 담은 공간 점유에 대한 무위역시 교회다움의 하나로 수용할 용의에 눈뜨게 된다. 아트교회가 보여준 탈종교성과 종교성 사이에서의 모호한 줄타기, 끊어질 듯 끊어지지 않고 지속되는 상태를 비전과 리얼리즘 사이에서 벌어지

는 또 하나의 교회 양식으로 볼 여지가 바로 여기에 있다.

비전과 리얼리즘 사이에서

칼럼 연재를 시작할 때, 지극히 현실적인 고민이 떠올랐다. 이 칼럼이 어느 정도 사람이 모이고 전통도 그럴듯하게 쌓인 대형이나 준대형 교회 건축물, 소위 부르주아 미학만을 다루는 글이 되지 않을까 하는 고민이다. 하지만 서두에서도 밝힌 것처럼 오늘의 한국교회 대다수는 임대 시설에 예배당을 꾸리고 있다. 그러다 보니 건축미학에 대한 고민은 먼 나라 얘기처럼 자리 잡은 게 현실이다.

아트교회는 오늘의 교회 현실에 대한 적절한 화두를 제시하고 있다. 막연한 비현실의 선동으로 전락한 비전을 넘어서서 냉엄한 리얼리즘을 힘 빼고 바라보는 무심함, 동시에 비전과 리얼리즘의 경계를 허물 법한 무위의 여백을 통해 고정된 틀의 한계를 비켜서는 노마디즘이 교회다움이 될 수도 있다는 한 가능성을 제시한 것이 아트교회의 정체성이라고 읽혔다.

그런 맥락에서 아트교회는 특정 교회를 지칭하는 고유명사이기보단 수많은 한국 임대 교회 예배당의 보통명사로 읽어야 할 것이다. 오늘의 한국교회는 비전과 리얼리즘 사이에서 어찌하든 계속되어왔고, 앞으로도 계속될 것이기 때문이다.

길 위에 선 공동체

모새골공동체교회

영성, 그리고 공동체

'모두가 새로워지는 골짜기'라는 이름으로 알려진 모새골공동체
교회. 교회 소개를 보면 인상적인 대목이 나온다.

"모새골은 기도원, 수양관, 수도원이 아닙니다. 그러나 이러한
공동체의 좋은 전통과 지혜로 만들어진 한국 최초로 설립된, 새로
운 개념의 영성 공동체입니다."

모새골은 자신들이 설립한 교회 정체성을 영성 공동체라 규정한
다. 잠정적인 지향점으로 보인다. 그런데 공동체란 명명은 태생적
으로 모호한 구석이 있다. 보기에 따라 공동체는 매우 명확하고 확
실해 보이는 정의일 수도 있지만, 상당히 추상적이고 그 스펙트럼

이 광범위한 구석도 없지 않다. 거기에 '영성'이란 개념까지 합쳐져 '영성 공동체'가 되면 추상적 요소가 더 확장되거나, 반대로 정체성이 분명해질 수도 있다.

영성이란 개념은 이제 기독교 역사에서 필수 미덕으로 자리 잡은 듯 보인다. 그렇지만 영성 추구란 개념이 현대사회의 탈종교화의 한 유행으로 자리 잡았다는 사실 또한 부정할 수 없을 것이다.

21세기 한국 사회는 원하든 원하지 않든 포스트모던의 물결을 외면할 수 없는 종교 소비 사회를 맞이했다. 일종의 강제 개방과 같은 형국인데, 이러한 시류에 본의 아니게 스며들어 온 모새골은 갈수록 영성 공동체란 개념을 두고 모호성과 명확성 사이에서 택일하라는, 강요에 기울어진 질문을 받게 될 것이다. 그 질문 앞에서 경기도 양평에 위치한 모새골공동체교회 공간이 전시하고자 하는, 이른바 '날마다 새로워지는' 건축적 의미 탐색 역시 요청받게 될 것이다.

본 책은 영성과 공동체, 두 개념으로 대표되는 모새골 공간의 건축적 의미와 21세기 한국 사회 종교 공동체가 가져야 할 가변적 정체성에 대해 살펴보고자 한다.

공간의 여백

모새골교회는 그 초입부터 여백의 분위기를 풍기는 느낌이다. 조

모새골공동체교회 전경.　　　　　　　　　　모새골공동체교회로 가려면 구불구불한 길을 올라가야 한다.

금은 협소하게 느껴질 정도로 여러 갈래로 갈라진 길을 사이에 두
고 곳곳에 세워진 건물들이 주는 인상은 여백 그 자체였다. 그 여
백의 틈새를 통해 스며드는 사유의 미에 대한 감흥은 덤이다.

　가장 높은 위치의 지대에 있는 채플 건축물을 중심으로 조금씩
하강하는 위치에 자리 잡은 코이노이아홀, 만나홀, 게스트하우스
등의 건축물은 각 건물 사이에 일정한 간격을 두고 있었다. 일정
한 간격이 건축물 각자에 저마다 고유한 독립성을 부여했는데, 각
각의 건축물이 자아내는 정서는 고립과 양가적 긴장을 조성하기에
충분해 보였다.

　건물과 건물 사이를 채우는 건 별도의 장식이나 벽면이 아니었
다. 녹빛으로 채색한 정돈된 나무와 잔디였다. 자연이 품은 본연의
미가 독립된 건물 사이의 여백을 채우는 것이다. 이러한 자연미의
배치는 오히려 여백을 여백 그대로 보존해놓은 듯한 미학을 제공

한다. 이렇듯 건물과 건물 사이에 형성된 여백의 긴장은, 그 주류를 이루는 고립의 정서 속에서 끊임없이 새로운 가치를 배양해내는 자동 발화의 메커니즘으로 읽히기에 무리가 없다.

모새골 건축, 그 자동 발화의 메커니즘은 끝자락에 래버린스 Labyrinth가 존재하는 것으로 절정의 감흥에 다다르게 한다. 이 미로의 길은 채플 건축물에서 옆으로 이어진 길을 따르다 보면 나타난다. 샤르트르대성당 안에 처음으로 만들어진 래버린스가 모새골에선 순수 자연 재료인 잔디와 자갈로 조성되었다. 이는 개신교 특유의 전통으로 고착화된 텍스트로서 말씀 묵상보다는 몸의 걷기를 통해 체득되는 묵상으로, 기존 종교 전통의 발전적 변주를 꾀하고 있다. 자연, 여백, 본연 등의 가치를 향한 회귀에 집중하는, 행위 아닌 행위에 경도되는 효과를 낳는 것이다.

래버린스에서 몸의 걷기는 침묵과 연결된다. 이때 침묵은 언어를 가두거나 멈추는 행위만이 아니다. 침묵은 언어를 상호 전달의 효용성이 아닌, 내면세계로 몰입하는 것을 지원하는 징검다리와 같은 역할을 담당하는 내면 행위의 일종이다. 그러한 침묵과 함께 래버린스, 미로의 도상 위를 차분히 따르는 몸의 걷기는 존재 자신이 길 위에 있음을 더욱 확실하게 각인해주는 내면화 작업을 필연적으로 이끌어낸다. 침묵을 통해 언어를 세속 세계와의 기능적 조탁만이 아닌 내면세계를 향한 집중으로 의미 전환을 기획하게 만드는데, 거기에 덧붙여지는 미로의 길 걷기는 궁극적으로 자기 세계를 향해 집중하는 상승 환기를 촉진하게 한다.

모새골공동체교회 채플 건물.   모새골의 겨울 풍경(위)과 채플 내부모습.

이 지점에서 영성의 고절적 미덕으로 통하는 '내면의 빛'*이 그 자체로 주목을 받는다. 모새골은 건축 공간의 단순미, 여백과 그 너머에 숨 쉬는 역설의 리얼리티 등을 통해 내면의 빛을 통한 궁극적 신비와의 조우를 가속화한다.

노출 콘크리트 공법을 이용한 박스 형태의 건축물은 장식적 요소의 철저한 배제라는 의지로 일관된다. 노출 콘크리트 건축 공법이 지향하는 건축적 메시지는 솔직함 그 이상이다. 노출 콘크리트의 궁극적 목표는 '있는 그대로'의 지속일 것이다. 점유된 공간인 건축

---

* 임영수 목사는 『기독교사상』과의 인터뷰에서 이 '내면의 빛' 개념을 인간이 본래부터 가진 게 아니라 하나님 자신을 말한다고 밝힌다.

물에는 있는 그대로를 노출하는 것을 감추려는 본성이 있다. 그렇기에 스스로를 감추기 위한 장식에 집중하기 마련인데, 노출 콘크리트, 거기에 덧붙여지는 박스 형태의 건축물 조성은 일체의 장식 의지를 배제해 있는 그대로의 자연 발화를 도모하는 데 헌신되는 것이다.

자연 발화를 향한 적극적 견인 의지는 채플 건축물 내부에 구성된 창의 위치에서 두드러진다. 채플 안쪽 천장에 마련된 창과 함께, 사람이 앉을 만한 의자 정도의 낮은 높이에 설치된 측면의 창은 빛의 하방下方을 지속하게 해주어 빛의 모성母性이란 현상적 의미를 이끌어낸다. 위에서부터 직하해 내려오는 빛이 신비의 일방적 임재와 현존을 상징한다면, 측면 하부에서 잔잔한 강물이 흐르듯, 때론 흐느끼듯 존재의 바닥 신음을 조성하는 빛의 지속은 신비의 일상성 내지는 윤색되거나 가공되지 않은 신비 자체를 향한 주목을 일깨운다.

이쯤 되자 궁금증이 생긴다. 모새골이란 이름으로 명명한 한 공동체가 일궈낸 일종의 점유 공간이 가져온 효과는 내면의 빛을 향한 집중이란 키워드로 대표된다. 바로 그 내면의 빛이 가져오는 자연 발화 효과를 영성의 출현이라고 본다면, 최소한 영성의 자장에 이끌려 모인 모새골공동체 구성원이 어떤 형태의 각성을 일으키고 그 각성을 지속하게 하는지 말이다.

다시, 공동체를 생각하다

모새골공동체의 시작은 다소 아이러니한 느낌이다. 한국의 대표적 조직 교회인 영락교회 담임목사 출신인 임영수 목사에 의해 태동했다는 점이 그렇다. 거기에 모새골은 개신교의 요란스러운 소동이나 감정적 발흥을 일으키는 기도원이나 수련원 같은 분위기를 지양하면서도, 가톨릭 수도원처럼 세속과 철저히 분리된 공동체를 따르는 것도 아닌, 굳이 표현하자면 제3의 길을 표방하는 듯 보인다.

제3의 길은 평범하고 단순한 일상성 회복을 도모한다. 그로 인해 세속 도시에서 무례하게 길들여진 범속한 가치 틈새에 숨어 있던 신비를 끌어낸다. 그 과정에서 출현하는 내면의 빛과 개신교의 존재 가치라 볼 수 있는 말씀의 적극적 조우를 통해 영성의 궁극을 탐색하게 하는 공동체로의 안착을 도모한다. 이런 추정이 가능하다면, 이 길은 추상적이면서도 명확한, 양립 불가한 양가성의 동시 진행이 계속되는 길이다. 말 그대로 새롭지 않을 수 없는 길, 제3의 길이 분명한 것이다.

그런데 이 지점에서 오해의 우려를 감수하고서 묻고자 한다. 사실 '새롭지 않을 수 없는 길'을 흔쾌히 따를 수 있는 이들은 늘 소수였다. 그 길을 개척해 가는 모새골 구성원들에게 임영수 목사로 대표되는, 이른바 교회 전통에서 빗겨 가지 않았다는 정서적 안정감이 주어지지 않았다면 지금의 모새골이 어떤 체모體貌를 갖추었을지 장담하기 어려웠을 거라고 생각한다.

모새골은 스스로 적시한 자기 정체성을 비교적 선명하게 밝힌다. 게스트하우스 전경.

모새골은 그 출범 배경이 되는, 안착할 수 있는 교회 전통을 숨기지 않으면서 현재를 지속하는 공동체의 지향점을 철저히 내면의 빛 그 자체에 뿌리내리고자 하는 의지도 숨기지 않는다. 모새골은 안락한 쉼과 심리적 치유를 얻고자 하는 마음의 휴식 제공에만 안주하지 않는다. 반대로 어떤 종교 전통의 고착화한 패턴이나 유행에 편승한 종교 감정의 고양을 도모하는 시도에 대해서도 엄격한 거리를 두고 있다.

이러한 공동체의 정체성을 가능케 하는 배경엔 결국 내면의 빛이란 개념이 존재한다. 내면의 빛은 구태와 허울뿐인 장식의 가지치기를 통해 '있는 그대로의 자신'과 만나려는 시도다. 매 순간 극도로 정련된 본연의 '나'와 대면해야만 한다. 그 대면을 감당하고 지속하는 공동체를 지향하는 모새골의 '모두가 새로워지는 골짜기' 모티프는 아무도 남지 않을 황무지가 되거나, 모두 각자의 자리에서 궁극의 신비를 발견하는 좋은 땅이 될 가능성을 품고 있다. 그 가능성을 감히 '길 위에 선 공동체'라고 명명할 수 있지 않을까.

길 위에 선 공동체

모새골은 자신들이 점유한 시공의 한 중심에서 스스로 적시한 자기 정체성을 비교적 선명하게 밝히는 듯하다. 그들을 감싸 안은 공동체는 길 위의 공동체와 다름없다.

세속 도시를 벗어난 일상의 밖에서 오히려 가장 일상적인 자연 그대로, 인간 그대로의 본연을 묵묵히 수행하며 일상성의 소중함을 환기하게 만드는 역할을 담당하는 게 현재진행형으로서의 '길'이 아닐까 한다. 이와 같은 길에 대한 개념 합의가 가능하다면, 길 위의 공동체는 곧 모새골의 정체성이라고 봐야 한다는 조심스러운 확신이 생긴다.

이 대목에서 다시 한 번 솔직히 밝혀보자.

길은 낭만적이지 않다. 길 위에 선 인생은 외로움, 몰이해, 고독, 가난함, 시대와의 불화 등으로 점철되어 있는 게 현실이다. 예수의 생애 역시 한마디로 압축하면 길에서 시작해 길 위에서 끝난 인생 아니던가. 그 길의 끝에 무엇이 있던가. 십자가 처형이다. 그 십자가를 낭만적으로 윤색할 권리는 누구에게도 없다. 십자가는 지독한 수치와 고독이 담긴 독배일 뿐이다.

길 위의 공동체 모새골은 21세기 한국 종교 사회에 숙주처럼 자라난 자기중심적 치유나 교양으로서의 영성 추구 같은 유행과는 태생적으로 다른 방향을 걸어야 할 것이다.

하지만 낭만의 옵션을 죄다 거둬낸 존재의 민낯과 대면하기를 외면할 경우 모새골은 모두가 새로워지는 것과는 거리가 먼, 모두가 영성을 자기 치유의 도구로만 소비하는 방향으로 나아가고 말 것이다. 그런 소비주의 영성으로 퇴락하지 않는 모새골이 되길, 미로의 길을 쉼 없이 걸으며 기도하고 싶다.

교파 없이 하나님 앞에 선 교회
한길교회

자생적 의미로서의 독립 교회

지금이야 교단의 간섭 없이 교회를 운영하는 형식을 표방한 '독립 교단'이 존재하지만 한길교회가 설립된 1957년, 곧 해방과 6·25 전쟁 직후 상황에서 독립 교회는 감히 생각하거나 엄두를 내기 어려운 일이었다. 한길교회는 이른바 3무無를 표방하며 '예수 정신을 따르는 교회란 무엇인가' 하는 궁극적 질문을 던지는 교회 활동의 시금석을 본격화했다. 교파, 유급 목회자, 그리고 예배당 없는 교회 구현에 대한 고민이 그것이다.

물론 지금의 한길교회에는 예배당이 있다. 유급 목회자도 상주하는 것으로 짐작된다. 그렇다 해서 한길교회가 선택했던 초기의 3무

예배당 전경(왼쪽). 기독교 한길교회는 1957년 교파에 속하지 않는 교회로 시작했다.

의지 자체가 변질했다고 볼 수는 없는 신앙 의지가 계속되고 있다. 이 의지는 필연적으로 교회 예배당 건축물 구현에도 그대로 연결된다.

건축물은 공간 점유를 목적으로 한다. 그 점유 가치는 건축물의 존재 이유와 규모를 결정하는 정체성과 정비례한다. 예배당 건축물의 존재 가치는 종교가 추구하는 전통성과 궤를 같이하는데, 그 궤를 추적하다 보면 근원적인 종교 건축물의 지속 의지 천명으로 귀결하는 경우가 다반사다.

한길교회가 추구하는 전통성은 어디에 뿌리를 두고 있는가. 하나님을 따르고 예수님의 정신을 추구하는 그 자체에 뿌리를 두고 있음을 보게 된다. 사람마다, 교파마다 예수 정신을 보는 다양한 시각을 배제할 경우 하나의 정서적 공통분모가 도출되는데, 그 공통분모의 한 축에 무교회주의, 혹은 예수 본연의 정신 추구가 있음을 확인하게 된다.

우치무라 간조,
그리고 김우현 목사

『성서조선』, 그리고 무교회주의로 대표되는 우치무라 간조에 대한 가치 평가는 비교적 편차가 큰 편이다. 진정한 예수 정신에 집중했다는 평도 있지만, 그다지 본받을 만한 예수 정신의 발로는 아니라는 평도 있다. 당대의 정치사상 조탁이라는 비난도 받는 편이다.

하지만 무교회주의, 그 원의元意를 관통하는 정신적 결의만큼은, 성서의 가치만으로 혹은 예수의 가치만으로 대표되는 최소주의 흐름에 잇대어 있음을 부정하기 어려울 듯하다. 그 최소주의 흐름은 1966년부터 한길교회 담임목사로 부임한 김우현 목사도 뜻을 같이했다.

김우현 목사는 독립운동을 전개하다 1922년 일본으로 건너가 고베신학교에 입학해 공부한 뒤 귀국 후 평양신학교에서 공부했다. 1927년 목사 안수를 받은 뒤 안동교회 4대 목사로 부임한 이력을 갖고 있다. 안동교회 목사 부임 시절 그의 나이는 30대 초반, 비교적 젊은 나이였음에도 교회 주보를 처음 발행하는 등 많은 업적을 남겼다.*

---

* 김우현 목사에게도 그늘이 있다. 그는 3·1 운동 때의 공적을 인정받아 1990년 건국훈장 애족장에 추서됐다. 하지만 일제 말기, 『기독교신문』 사장을 지내면서 1938년 국민정신총동원조선연맹, 1940년 국민총력조선연맹, 1941년 조선임전보국단 등 전쟁 지원을 위해 조직된 단체에 빠짐없이 참여하는 등 일제에 협조한 행적 때문에 2008년 발표된 민족문제연구소《친일인명사전》수록 예정자 명단 중 종교 부문에 선정되기도 했다.

이러한 김우현 목사가 일본에서 공부할 때 영향을 받았던 사상이 무교회주의였다.

"기독교 신앙의 유일한 근거는 성서일 뿐이며, 교회와 그 관습은 기독교를 담아내는 껍데기."

그리스도 사상가 우치무라 간조의 금언과도 같은 위의 신조가 바탕이 된 무교회주의는 김우현 목사 신앙 정신에도 일부 영향을 미쳤다. 무교회주의의 흐름은 예수 정신의 유일한 계승을 목표로 하는 한길교회 흐름과 맥을 같이했다. 그 순간순간이 한길교회의 오늘로 이어져 온 것을 짐작해볼 수 있다.

전통은 이 지점에서 시작되었는지도 모르겠다. 하나님 은혜로 어느 교파에도 속하지 않고 유급 목회자를 두지 않으며 교회당을 짓지 않겠다는 3무의 의지로 시작한 교회. 한길교회는 이후 소위 말하는 기성 교회와 비슷한 조직화의 길을 걷게 되지만, 그 과정에 이르는 길목마다 자신들이 세운 교회 설립 정체성을 고려하고 숙고하는 과정을 놓지 않는 의지 또한 지속해온 것을 보게 된다.

교인들 투표를 통해 교회 명칭이 결정되는 과정, 1958년 당회장·장로·집사 등으로 구성된 기성 교회의 제도가 가진 단점을 극복하려는 의도에서 교회 위원을 선임하는 등의 활동들이 교회 설립 정체성과 맞닿아 있는 것이다. 우치무라 간조, 김우현 목사 등으로 연결되는, 제도와 교리를 우선하지 않으려는 의지의 밑바탕

외관은 적벽돌로 조적했다.

을 계승해온 태도 또한 조직화의 길목마다 한길교회가 보여준 정
체성 숙고의 흔적으로 읽을 수 있다.

그리고 한길교회가 예배당을 신축하기로 하고, 이를 실천으로 옮
기는 과정 중에 앞서 말한 정체성 숙고의 흔적이 절정에 이른다.

정체성 숙고의 절정,
교회 건축

한길교회는 예배당 신축을 결정한 뒤 건축의 원칙을 그들 스스로
에게 천명했다. 교회 예배당을 짓되 아름답고 정결한 교회당을 유

지하겠다는 의지, 이웃 주민들에게 교회 건축물 자체가 공해 요인으로 작용하지 않도록 배려하겠다는 의지를 주요 원칙으로 천명한 것이다.

여기에 한길교회는 교회 건축의 가장 중요한 핵심 변수인 건축비 조달에 관해서도 원칙을 제시했다.

결코 헌금을 강요하지 않는다. 건축 헌금을 교인들이 자발적으로 내는 돈에 국한한다. 특히 소요 건축비 총액을 단 한 번으로 마무리하겠다는 의지, 이러한 의지가 바탕으로 자리를 잡으면 자연스럽게 예배당 신축을 향한 비전은 최소주의를 지향하게 된다. 교회 건축 원칙으로 스며든 것 중 하나가 아담하고 가족적인 분위기 조성이었던 것도 그 고민의 산물로 볼 수 있다.

그래서일까. 서울 서초구 남부순환로에 위치한 한길교회 예배당은 여느 예배당 건축물보다도 검소하고 단출한 외형과 구성 요소를 갖고 있다. 적벽돌로 조적한 교회 외관에서 풍기는 단아함으로 시작된 교회 분위기는 작고 아담한 교회 마당에서도 그대로 이어진다. 흡사 도심이 아닌 지방 소도시의 한 교회를 떠올려도 전혀 어색할 게 없는 분위기의 여일함은 교회 건축물을 통해 어떠한 자기과시나 독자적 성스러움을 표현하려는 의도 자체를 소거하는 의지로 충만했다.

교회 내부 역시 마찬가지다. 대지 160평에 건물 120평 규모인 결코 크지 않은 예배당 내부는 고전적이라 할 만큼 전통적이었다. 단출한 장의자, 낮은 강대상, 소박하지만 정결한 화분 등이 놓여 있

한길교회가 선택한 예배당 미학의 궁극엔 최소주의가 자리 잡고 있다.

는 형국이 그 전통의 검소함을 대표하고 있다. 벽면 내부에 있는 일정한 간격의 적색 장식 기둥이 유일한 특징이라면 특징일지도 모르는 한길교회 예배당 안팎은 이렇듯 신축하기로 결정했을 때 스스로에게 다짐한 건축 원칙을 지켜낸 결과물이다.

이 경우 이런 질문이 떠오른다. 건축학적, 혹은 미학적으로 딱히 특정할 만한 것이 없는 예배당 건축물에 대해 무엇을 평한다는 것인가. 평할 가치가 있는가 하는 질문이다.

여기서 교회 건축 평론에 대한 제질문諸質問은 한 층위 더 깊이 파고들 것을 요청받는다.

예수 정신,
그리고 원칙

한길교회가 마지막 건축 원칙으로 천명한 것이 있다. 바로 한국 교회가 유일하게 존중해야 할 가치인 종교개혁적 소임을 다하자는 것이다. 그 의지를 담은 결과물이 교회 머릿돌에 종교개혁일인 10월 31일을 새겨 넣는 것으로 표현됐다.

종교개혁은 어디서 시작했는가. 예수 정신 회복에 근거하고 있지 않은가. 예수 정신의 원형을 탐색하고 인간 존재의 본령 또한 예수 정신에 뿌리내리려는 태도는 개신교회 핵심 정체성과 맞닿아 있다.

종교개혁의 모태는 예수 정신, 그중에서도 말씀 선포다. 말씀 선포의 강고한 본령 외에 다른 것에 집중하지 않으려는 영적 집념이 개신교회 안팎의 문화와 공간 점유 가치로서의 예배당 미학을 결정해왔다. 앞으로도 그럴 것이다.

그런 관점에서 한길교회가 선택한 예배당 미학의 궁극엔 무교회주의 사상 저변에 흐르는 최소주의가 자리 잡고 있다. 제반 요소의 고려 없이 최소주의 관점으로만 볼 때, 한길교회는 절정의 미학을 성취하고 있다. 예수 정신의 온전한 구현 외에는 관심 두지 않으려는 태도, 그 태도가 미학적 표현으로 적실히 구현된 현장. 한길교회는 바로 그 현장의 한복판에 서 있다. 외롭거나, 더없이 충만하게.

무채색, 노출 콘크리트, 그리고 교회

제주 강정교회

설렘과 욕망이 공존하는 곳

'제주'를 생각하면 우리가 전형적으로 하는 기대가 있다. 대한민국 어느 곳보다 가장 우아한 자태를 지닌 곳이어야 한다는 것. 그러한 기대와 다르게 제주, 그중에서도 서귀포시를 보면 대한민국의 평범한 소도시와 별다른 차이를 발견할 수 없다. 기대의 배반이라고 봐도 어쩔 수 없지만, 제주라는 기대에 반할 수밖에 없는 태생적 몰개성을 품은 것처럼 아쉬움으로 물든 곳, 그런 곳이 제주인지도 모르겠다.

더욱이 건축학적 관점에 기대어 제주를 살피면 그 아쉬움은 더하다. 환경친화적 요소를 담은 이국적인 느낌의 관광지라는 설렘을

강정교회 예배당 전경.

담보로 한 기대, 신혼여행, 관광명소로 물들어 있는 추억의 어느 한 때를 빼놓고 나면, 제주의 건축, 도시 풍경은 어느새 자본과 욕망에 찌든 세속 도시의 단면과 적실히 닮아 있음을 확인할 수 있다.

욕망에 뿌리를 둔 건축은 제주라는 토속적 지역성이 품은 고유의 미학을 기형적 측면으로 확대 생산할 가능성이 커진다. 근거 없고 유치한 인습, 기형적으로 비대화한 풍토성으로 회칠된 제주의 풍광은 섬이라는 고립성과 결탁하면서 암울한 하향 평준화를 이루고 말았다.

이 지점에서 토착화된 건축, 돌파구로 기능해야 할 교회 건축 역시 제주라는 특징과 제대로 어울리지 못하고 박제에 가까운 전형적인 패턴을 답습하고 있다.

그런 측면에서 묘한 신비를 머금은 교회, 순수하지만 마냥 허약해 보이는 건 아닌 제주 강정교회 예배당 건축에 대한 두 가지 키워드를 통해 오늘날 제주와 교회, 더 나아가 프로테스탄트 교회 윤리의 한 지평인 '없으나 있는'*의 미학에 대해 탐색해보고자 한다. 두 가지 키워드는 무채색, 그리고 노출 콘크리트다.

무채색의 건축

제주 강정교회는 말 그대로 제주에 있는 교회다. 보통 지역 교회를 떠올리면, 그 지역 특성 및 전통과의 어울림을 고려하는 경우가 많다. 제주라는 지역 특성이 갖는 이질감을 생각한다면 더더욱 그렇다. 하지만 강정교회의 경우, 예배당 외형이나 스타일, 건축 이미지로 제주와 공간적 어울림을 시도하려는 의지가 거의 없어 보인다. 오히려 지역 이미지를 넘어서서 인간 내면의 보편성에 집중한 의도가 더 두드러져 보인다. 내면의 보편성에 의해 완성된 내적 이미지로서의 생명력이 제주라는 지역을 더 선명히 밝혀주는 효과로 자리매김하고 있다.

내적 이미지가 돌출된 가장 상징적인 지점은 제주에서는 흔치 않은 노출 콘크리트 마감재의 본격 도입에 있다.

무회無懷, '마음을 비우고 건축을 한다'는 독특한 의미를 지닌 무

---

* '없으나 있는'의 교회 윤리는 '없는 것을 있는 것으로 부르신다'는 로마서 4장 17절의 생명 원리를 바탕으로 전개된 사유 전개에 기반하고 있다.

회건축사무소의 김재관 소장은, 그의 회심의 역작으로 평가받는 강정교회를 제주라는 지역이 지닌 건축성에 빚진 작품으로 보기보다는 탈지역적 특징으로 접근하고 이해해줄 것을 요구한다. 그 요구의 첨단에 노출 콘크리트가 있고, 무채색의 바탕이 존재한다.

노출 콘크리트의 순수성

건축 마감 재료로서 노출 콘크리트는 순수하고 아름답다. 제주 강정교회 예배당은 제법 수준 있는 건축적 가치를 확보했지만, 건축물에 사용된 재료인 노출 콘크리트에 대한 언급 하나만으로도 한국교회 건축의 허세 작렬하는 졸렬한 풍경을 일소하는 일갈로 충분해 보인다. 강정교회 예배당의 질감은, 노출 콘크리트라는 특별하고도 강렬한 내면적 깊이를 쏟아내는 재료로 특별함을 더하고 있다.

하지만 공사 초기, 교회 측 관계자들에게 노출 콘크리트 마감재 사용은 상당히 위험한 시도로 이해되었다. 자칫 미관을 해치는 흉측한 덩어리로 전락하지 않을까 하는 불안감이 수면 위로 떠오른 것이다. 공사가 중단될 정도로 격렬한 토론과 논의를 거친 뒤에야 다시 공사가 재개되어 완공까지 이르게 된 강정교회 예배당, 그 우여곡절의 역사는 노출 콘크리트라는 재료가 지닌 질감에 대한 이질성과 거부감의 상징과 궤를 같이한다.

강정교회 예배당의 특징은 노출 콘크리트 공법을 마감재로 사용했다는 것이다.

우여곡절의 역사였지만, 교인들은 그 역사를 건물 마감재로 전격 도입한 노출 콘크리트 공법에 마음과 정서가 충분히 스며든 시간으로 읽어냈다. 노출 콘크리트의 꾸미지 않는 심미적 순수성에 강력하게 동화될 수 있는 시간으로 말이다.

콘크리트는 건축물의 마감 형성에서 늘 숨기거나 가려야 하는 조연 역할에 머물러왔다. 하지만 콘크리트 자체가 건축물의 마감재가 되는 순간, 인공미를 찾아볼 수 없는 투박하고 거친, 있는 그대로의 건축물 본연의 질감이 드러나면서 단숨에 보는 이를 순수의 상징으로 압도하고 만다. 더욱이 그 질감을 에워싼 건축물의 용도가 교회란 종교 시설에 집중된다면 상황은 더 오묘해진다. 보이지 않은 신의 임재를 갈망하고 임재의 지속을 위해 기도하는 성의 공간일 경우, 가공되지 않은 노출 콘크리트의 자연스러움은 그 자체로 영적 측면의 성역화를 이룬다.

노출 콘크리트 공법의 우선적 가치는 인공미를 배제한 순수성을 드러내는 효과에 있다. 노출 콘크리트 공법은 더 균질한 콘크리트 벽면을 확보하기 위해 매우 섬세한 시공 작업이 요구된다. 콘크리트가 가져다주는 잿빛 질감이 그윽하면서도 즉물적인 양가적 감성에 맞닿기 위해서도 그렇다. 그렇기에 기성 건축 마감재를 사용할 때보다 인건비나 재료 투입 비용 측면에서 효율적이지 않다.

노출 콘크리트 공법이 품고 있는 강력한 또 하나의 특징이 있다. 되돌릴 수 없는 불가역성이 그렇다. 한 번 시공하고 나면 형태를 수정하거나 변형할 수 없는 공법의 특성 때문에, 제주 강정교회 예배당 역시 일필휘지의 붓감이 드러내는 즉흥적 대담성으로 채워져 있다.

이렇듯 즉흥성과 본연성을 아낌없이 드러내는 교회는 내부로 진입할 때 노출 콘크리트를 대표하는 순수성을 적실히 반영한다.

정묘한 세계를 향한 몰입

예배당 안으로 들어가기 전 필자는 잠시 예배당 앞마당에 멈춰 섰다. 필로티 형식의 데크에서 직사각형 형태의 작은 연못이 보인다. 진입구 역할을 하는 연못인데, 교회에서 이런 종류의 연못을 발견하는 경험은 흔하지 않은 일이었다. 연못은 종교 시설의 의미

예배당 오른편에 솟아 있는 종탑.

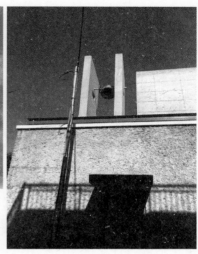

로 보면 세례 혹은 침례의 상징으로 기능한다. 성의 공간에 들어서기 전, 순수에서 비롯된 예식을 향한 몰입을 촉구하는 메시지를 담고 있다.

필로티에서 예배당으로 가려면 오른쪽의 비교적 완만한 경사의 계단에 발을 디뎌야만 한다. 계단의 첨단에 종탑이 보이고, 그 바로 밑에 십자가가 보인다. 짙은 어둠, 한 치 앞을 볼 수 없는 안개 속에서 잡힐 듯 잡히지 않는 느낌을 주는 십자가는 극한의 어둠과 절망의 끝에서 사도 바울이 경험한 신과의 조우, 그 자체를 그려 넣은 것 같아 인상적이었다.

계단을 오르면 텅 빈 공간이 나온다. '교제의 마당'이라 명명된 곳이다. 빈 공간에 가만히 서 있으면 하나의 입구가 보이는데, 예배당 회중석으로 들어가는 문이다. 그렇게 입구로 들어서면 다시 홀이 나오고 정면 양쪽으로 출입문이 나온다. 전면에 둥근 스크린이 보이는데, 그 스크린을 돌아서면 그제야 비로소 제단을 비롯한 예배당 전체를 볼 수 있다.

이 정도 묘사만으로도 강정교회 예배당이 지닌 건축학적 특징 파악은 어느 정도 수월해지는데, 바로 폐쇄성과 개방성의 동시 지속이다. 강정교회 예배당은 외연만 보면 전체적으로 폐쇄적인 느낌을 지울 길이 없다. 하지만 실제로는 건물 사면 어디서나 출입이 가능하게 되어 있다. 필로티에서 계단, 종탑, 교제의 마당, 예배 공간을 거쳐 다시 현관과 내측 잔디 마당에 이르는 동선이 서로 각자 분리되고 독립적 공간으로 있으면서도 통로만큼은 막힘없이 연결돼 있다. 이 세상의 모든 것과 숨을 주고받을 수 있지만 섬이라는 태생적 고립의 특성을 지닌 제주라는 지역성이 여과 없이 분출되는 순간이다.

화려할 정도로 아낌없이 소통이 이뤄지는 외부와 다르게 예배당 안은 심각할 정도로 미니멀하다. 직사각형의 평면 공간으로 구성된 예배당은 별다른 장식 없이 간결하다.

특징을 이룬 부분이라면 제대 뒤 벽면이 전부다. 제대 뒤 벽면이 직선의 날카로움을 완화해주는 역할을 맡은 듯 보인다. 이러한 특징 정도가 교회 실내를 대표하는, 악센트를 주는 한 포인트 정도로 기능할 뿐, 강정교회 예배당 내부는 외부의 간결함과 마찬가지로 극도의 미니멀함을 추구한다.

천장의 창으로 내려오는 빛이 이 거친 벽면에 떨어지면서 부드러우면서 고양된 분위기를 연출하는 한 장면. 이게 예배당의 건조한 외양에 악센트를 주는 또 다른 오묘함이다. 꾸밈이나 별다른 장식 없이 펼치는 소박한 빛의 연출 말이다.

자연, 전통, 그리고
프로테스탄트

교회 건축 평론의 가장 중요한 특징 중 하나는, 신의 임재와 관련해 시간을 압도하는 절대 가치에 대한 무류無謬한 발견에 있다. 강정교회 예배당의 무류한 특징 중 하나인 무채색에 집중해보자.

강정교회 예배당은 색채 사용을 극히 절제해 결과적으로 요란하지 않은 무채색 건축으로 제주라는 지역을 파고들었다. 유채색은 십자가와 철제 난간 등 몇 군데 철제 부분에서 사용하고 있을 뿐이다. 노출 콘크리트의 안과 밖은 회색 톤의 도장으로 마감하고 있으며, 회중석 뒷면의 목재 패널도 회색 톤을 사용하고 있다. 강조하는 포인트로 보이는 회중석으로 된 입구 부분조차 별다른 채색이 이루어지지 않았다.

무채색의 압도적 도입으로 강정교회는 마치 한자리에 오래 머물러 있었던 사물과 같은 일상 이미지 혹은 자연의 일부와 같은 형태로 녹아들어 있다. 오래된 바위 위에 머무른 이끼처럼 무정형의 상태로 머문 장소, 강정교회는 그 깊은 무채색 심연을 통해 오늘날 우리에게 교회 전통의 본질과 프로테스탄트의 존재 가치에 대해 새로운 질문을 던지는 듯하다.

교회 전통의 본질을 말할 땐 바울의 가르침인 '없는 것을 있는 것 같이, 있는 것을 없는 것 같이' 원리가 대표적으로 언급된다. 프로테스탄트는 교황 제도의 엄숙함과 이콘의 경건미로 자신을 내세우는 가톨릭이나 기타 종교와 다르다. 저항의 종교인 프로테스탄트는 세상에 흔적을 남기지 않으면서 자연의 일부처럼 세상과 소통하는 전통 아닌 전통을 추구하는 데 본령을 두고 있는 것이다.

의도하든 의도하지 않았든 강정교회 예배당은 교회 전통, 그리고 프로테스탄트의 본질을 무채색과 노출 콘크리트로 대표되는 이른바 반미학反美學을 통해 나타내고 있다. 외연적 과시와 강탈의 점유욕에 사로잡힌 현대 교회 건축이 이곳을 유의미하게 들여다봐야 할 대목이 바로 여기에 있다.

위가 아닌 아래를 향하는 교회

경산 하양무학로교회

하늘이 아닌
땅을 바라보다

'도시 발전', '경제 발전'과 더불어 한국 사회의 발전을 논할 때 빠질 수 없는 키워드가 있다면 단연 '종교 발전'이다. 고도성장을 경험한 한국 사회는 자본주의 고유의 선한 영향력을 배제하고 비루한 천민자본주의를 전격 도입했다. 그리고 천박함의 토대 위에 전개된 경제 발전의 시혜는 종교에게 돌아갔다.

종교는 현대사회와 현대 문명의 필연적 먼지인 불안과 두려움을 숙주 삼아, 때론 따뜻한 위로의 말로, 때론 가혹한 채찍의 말로 현대인에게 회복과 도전을 독려하면서 세력을 확장해갔다. 도시·경

경산 하양무학로교회 예배당 전경.

제 발전 주역들에게 주어진 삶의 위로, 더 심하게 말해 미래 불안
을 상쇄하는 종교 팔이로 얻은 세력은 한국 사회에서 생각보다 막
강한 화력을 발휘했고, 그 화력으로 지금까지 버텨왔다. 말 그대로
꾸역꾸역 버텨온 것이다.

　이러한 종교 팔이의 중심에 일종의 브랜드, 혹은 문화 현상으로
자리 잡은 한국 개신교가 있다. 최근 위세가 약해졌다고는 하지만
여전히 천만 성도 운운하는 한국교회의 버티는 힘만큼은 타의 추
종을 불허한다. 강한 지속력을 바탕으로 피플 파워를 과시하는 한
국 개신교가 섬기고 따르면서 가르침을 받는 복음의 대상은 하나
님과 그 아들 예수 그리스도다.

　하나님이야 하늘에 계셔서 그로 인한 종교 전통이 어느 정도 설

교회는 제대로 된 창도, 간판도 없는 단층 벽돌로 되어있다.

득력을 갖는다지만, 예수 그리스도는 사실상 하늘을 바라본 적이 없다고 해도 심한 말은 아닐 것이다. '말씀의 육화'라는 가르침이 성서에 엄존하듯 예수를 읽고, 그분의 말씀을 수용하는 한국 개신교는 하늘이 아닌 땅에서 시작하는 게 맞다. 아무리 세력이 커지고 슬픈 모순으로 이해되는 종교 팔이의 약발이 어느 정도 먹혔다 하더라도, 땅이라는 시작점을 결코 잊어선 안 되는 것이다. 인간적인, 너무나 인간적인 몸부림을 서글프게 펼치던 예수의 모습에 귀 기울여야 하기에.

하지만 한국 개신교는 공간 점유의 상징인 예배당 건축에서부터 하늘을 향해 치솟는 걸 믿음의 최선으로 여기며 성장해왔다. 그 아프고 시린 성장의 상흔이 곳곳에서 심각한 균열을 일으키고 있다.

그래서일까. 궤멸 직전인 하늘 바라기의 폐허 위에서 땅을 바라보라고 소리치는 공간의 절규가 곳곳에서 터져나오고 있다. 지금 여기, 그 처절한 절규를 절제의 옷을 입고 잠잠히 표현하는 한 교회가 있다. 경산 하양무학로교회가 그렇다.

말 그대로 '작은 교회'

경북 경산시 하양읍의 인구는 2만 7000명 정도다. 다른 읍에 비해서도 소읍에 속하는 이곳에 2019년 초 회갈색의 네모난 건물이 한 채 들어섰다. 제대로 된 창도, 간판도 없는 단층 벽돌 건물은 놀랍게도 교회였다. 말 그대로 작은 교회. 교회의 전통적인 특징을 찾아볼 수 없는 예배당을 품은 이 회갈색의 건물은 분명 교회였다.

도심지 교회가 높고 위엄 있는 첨탑과 건물 자체의 위용으로 종교적 강렬함을 노출한 것과 다르게, 이 작은 예배당인 하양무학로교회는 주변 풍경을 앞서거나 압도하려 하지 않는다. "여기 교회예요"라고 드러낼 최소한의 의지도 없어 보인다. 한국에서 교회 건축의 필요조건이 되어버린 높은 첨탑, 초대형 십자가 역시 이곳엔 없다. 이곳을 '교회'로 알아볼 수 있게 하는 유일한 표식은 한쪽 외벽에 소박하게 붙어 있는 작디작은 철제 십자가가 전부다.

30여 명 정도가 모이는 하양무학로교회 신축 건물을 설계한 이는 '빈자의 미학'이라는 건축적 담론을 전개해온 건축가 승효상이다. 담론은 빈자의 미학이지만, 사실상 한국을 대표하는 건축가이기에 설계비가 이 작은 소읍 교회에 어울리지는 못하는 상황이었다. 그런데 건축가 승효상은 놀랍게도 예배당 설계를 무료로 해줬다. 일종의 재능 기부인가 싶지만, 그보다는 더 의미 있는 속내가 숨겨져 있었다.

두 사람, 건축가 승효상과 하양무학로교회 담임목사가 면식 있는 사이라는 점, 두 사람이 지역 문화유산 세미나를 통해 종교와 현대 사회에 대해 많은 이야기를 나눴다는 점, 무엇보다 물정을 고려했을 때 무모하기만 한 7000만 원으로 예배당을 새로 짓고 싶다는 목사의 바람에 건축가 승효상이 충분히 가능하다는 답을 줬다는 점 등이 하양무학로교회 건축을 둘러싼 비하인드 스토리다.

하지만 그 의미의 깊이에는 하늘이 아닌 땅을 바라보는, 크고 작음이나 성공 실패와 상관없이 인간의 본질을 다루는 길이 프로테스탄트, 한국 개신교의 본질이라는 주제 의식이 교회 건축에 아로새겨져 있었다.

본질만 남긴 교회

승효상이 구상한 교회 본질의 최우선 접근 키워드는 '절제'다. 예배당 출입문부터가 범상치 않다. 출입문을 시야 확보가 쉽지 않은 곳, 쉽게 보이지 않을 만한 곳에 의도적으로 설계했다. 문으로 들

예배당 내부 공간.

어서자마자 펼쳐진 예배당은 연면적 15평(49㎡)의 단층 구조로, 소
박하다 못해 비좁은 느낌이 들 정도다. 30명 남짓한 교인들이 다소
의 불편함을 감수하고 예배에 임해야 할 정도로 협소하다. 이렇듯
비좁은 예배당 내부 공간은, 향후 부흥을 염두에 둔 성장의 목표성
과는 애초부터 거리가 멀어 보였다.

목사가 설교하는 강대상 역시 일반 신도 자리보다 조금 위쪽에 배치하는 식의 고려를 전혀 찾아볼 수 없다. 모든 게 수평 배치다. 강대상뿐만 아니라 예배 준비대, 오래된 피아노, 신도석과 성가대석 모두 수평성의 균일함을 바탕으로 전개되었다.

더 특이한 점이 있다. 예배당 내부에 방송 장비가 전혀 없다는 점이다. 조명을 통해 예배 집중을 도모하려는 어떤 인공적·기술적 시도도 배제했다. 자연에서 흘러나오는 빛, 얇고 길게 뚫린 천창을 통해 때론 은은하게, 때론 강렬하게 파고드는 빛이 십자가가 걸린 벽면을 비추며 내부를 고도의 사유 공간으로 조성하고 있다.

작은 공간의 이점인 걸까. 그저 얻어지는 자연과 생명 그대로의 소리에 귀 기울이려는 건축가의 설계 의도는 이번에도 본질 외에는 아무것도 얻지 않으려는 단호한 의지로 귀결되는 걸 볼 수 있다.

건축가의 건축 철학에서 주목할 만한 부분, 혹은 아프게 들어야 한 대목이 있다. 바로 현대 한국교회가 지금까지 보여준 획일적 구성이다. 건축가들에게 건축을 의뢰하는 한국교회는 대규모 콘서트홀, 대중 집회가 용이하게 진행될 수 있는 문화시설, 부대시설에 집중되거나 참여자들을 위한 서비스 차원에서 편의 시설 설치에 사활을 걸었다. 지금까지도 그런 편이다.

그렇지만 대중 집회를 우선으로 하는 고려, 서비스를 받기 위해 참여하는 배려의 공간이 교회 본질을 대신할 순 없다. 그래서도 안 된다. 교회의 본래 기능은 하나님과 인간 존재의 단독자적 대면이며, 그 대면을 통해 시대를 버티는 존재가 품은 집약적 고뇌의 충

옥상에 자리한 기도 공간.

돌장衝突場이어야 한다. 예수의 모습을 지켜보면 볼수록 그 확신은 더 굳어진다.

고뇌의 충돌장으로 기능하는 교회 공간에서 우리는 시대의 어제와 오늘을 성찰하면서 내일을 성스러움으로 채울 수 있다. 교회의 필수 조건은 바로 그러한 본질을 향한 요청, 그 부름에 대한 응답으로 나아서야 한다. 현대 한국교회에는 결국 위가 아닌 아래를 바라보는 성찰 기제의 변화가 일어나야만 하는 것이다.

예배당 건축에 대한 신도들의 반응이 칭찬 일색만은 아니라는 점에서도 교회 본질이라는 주제 의식 발현은 앞으로 한국 개신교 모두가 고민해야 할 화두다.

길게 뚫린 천장에서 빛이 쏟아지게 했다.

　신축 건물인 하양무학로교회 예배당에 참여하는 신도들의 반응은 다양하다. 교회 입구 천장이 노출된 구조라 비를 맞으며 드나들어야 한다는 점, 신도석에 발판과 받침대가 없어 불편하다는 점, 예배당이 전체적으로 어둡고 어딘가 모르게 썰렁하다는 점 등이 입 모아 밝힌 신도들의 반응이다. 이는 분명한 사실이지만 동시에 거룩한 반응이기도 하다.

　교회 공간이 인간에게 편의를 주기 위해 주어진 곳이 아니라, 영혼의 적극적인 고양을 통해 본질적 안식을 얻기 위한 투쟁의 공간이라는 사실이 유효하다면, 하양무학로교회의 '밑을 향하는' 시도는 교회 본질 찾기라는 의미 구현과 동의어로 봐야 할 것이다.

건물 바로 앞에 야외 예배당이 있다(왼쪽). 야외 예배 공간에서 올려다본 예배당 전경.

아래를 향하는 교회

'교회'라는 단어의 어원을 좇다 보면, '에클레시아εκλεσια'라는 희
랍어가 떠오른다. 부름을 받았다는 뜻을 가진 에클레시아.

인간은 세속 세계라는 파도를 맞이해 때론 편승하거나 때론 거
스르며 존재의 원형과 본질을 점점 상실해가고 있다. 첨단 문명과
자본주의 방식이 모든 측면에서 세련미를 더해가는 오늘이 우리가
사는 사회라면, 오늘날 교회 시대가 분명 상실의 시대임을 간과해
서는 안 된다.

상실의 간극을 또 다른 욕망으로 채우지 않고 낮은 자리에 선 예
수의 마음, 바닥도 모자라 바닥 밑의 바닥까지 내려앉은 인간의 비
탄을 자비의 절정인 십자가로 채우는 것이 교회의 본질이라면, 교
회는 필연적으로 위가 아닌 아래로 향해야 할 것이다.

하지만 우리네 삶과 일상을 점유하는 공간은 그리 호락호락하지 않다. 위로 치솟는 십자가, 대형 콘서트홀을 방불케 하는 문화시설로서의 교회 공간은 세속 세계를 향해 천착한 유혹을 내뿜는다. 결국 예수가 그토록 배척하고자 했던 장사하는 성전이 아닌지 지금부터라도 심각하고 처절하게 고민하지 않으면 안 된다. 그렇지 않으면 오늘의 교회는 예수의 마음 중 그 무엇도 이해하지 못하는 불통 기관이 되어 표류하고 말 것이다.

진심으로 기도한다. 교회 공간이 불통과 불능의 상징으로 전락하지 않기를. 예배당이 가장 낮은 자리에 섰던 예수를 맞이할 수 있는 가장 자연스러운 공간, 언제라도 예수 정신을 배신하지 않는 최후의 보루가 되기를. 기도하고 또 기도한다.

4

보존과 변화 사이에서

전통과 혁신의 갈림길에서
정동제일교회

종교 문화를 일군 교회

정동제일교회는 한국 최초의 프로테스탄트 교회 건축물이자 기독교대한감리회 대표 교회다. 미국 선교사 헨리 아펜젤러가 1885년 설립한 정동제일교회의 역사적 가치는 그렇다. 한국 개신교사를 대표하는 교회라는 위상은 지금도 계속되고 있다.

미국 선교사 아펜젤러는 예배만 볼 수 있기 위한 방편으로 한옥집을 구입해 개조한 뒤 그곳을 '벧엘예배당'이라 불렀다. 교회 근처에는 이화학당과 배재학당이 있었기에 교회는 이 학당들과 밀접한 관련을 맺고 개화운동의 중심 역할을 했다.

갑신정변으로 미국에 망명했다가 귀국한 서재필은 배재학당에서

정동제일교회 아펜젤러기념관 내부.

강의하며 청년들의 사회참여 의식을 고취하기 위한 일환에서 협성회를 조직했는데, 협성회 주요 인물들이 정동교회 청년회에 들어가는 일이 전개되었다. 그로 인해 정동교회 청년회는 당시 어느 단체보다 의식 있는 집단으로 성장해 반일 민족 독립운동을 병행하면서 복음을 전파하는 교회 속 사회, 사회 속 교회의 역할을 수행했다.

이렇듯 정동제일교회는 교회가 한 사회에 도입되고 향후 정착하는 과정에 있어 나름의 안정감을 가진 종교 문화를 형성해온 저력을 보여준다. 종교 문화라 함은, 종교가 한 사회에서 게토화된 개별 공동체에 머무르지 않고 역사적 공동체로 지속 가능해졌음을 뜻한다. 정동제일교회는 그런 맥락에서 한반도 근현대사에서 개신

교가 종교 문화의 지속 가능성을 가진 역사적 저력으로 자리매김
할 수 있게 한 동력 중 하나로 손꼽힌다.

필자는 본 책에서 종교 문화의 한 축을 점유한 정동제일교회의
종교적 전통과 교회의 항구적 정체성인 혁신과의 조응이 어떤 측
면에서 가능할지 살펴보고자 한다.

교회 전통의 전거典據
– 한국 최초 본격적인 서양식 교회당

이것은 아마도 건강한 자극일 것이다. 미국 선교사 아펜젤러는
당시 언더우드의 새문안교회 설립에 자극을 받았던 모양인지 다소
급하게 미국으로부터 교회 설계도를 주문해 예배당 신축을 추진했
던 것으로 보인다. 달리 보면 이는 단순한 자극과 경쟁 심리에 의
한 선택만은 아니다. 정동제일교회는 빠른 속도로 교인 수의 급성
장을 경험했다. 예배 인원이 500명에 이르게 되었고, 결국 500명
을 수용할 수 있는 예배당을 짓기로 한 것이다. 그렇게 1895년 9월
9일 착공해 1897년 12월 26일 예배당 봉헌식을 한 이 건물은, 붉
은 벽돌로 만들어진 최초의 본격적인 서양식 교회당이 되었다.

1918년 한국 최초로 파이프오르간을 설치하기도 한 우리나라 최
고의 빅토리아식 교회로 알려진 정동제일교회는 1977년 문화공보
부에 의해 19세기 건축물인 붉은 벽돌 예배당이 사적 제256호로

지정되었다. 문화재로 인정된 것이다.

외관에서 풍기는 빅토리아식 교회의 화려함과는 부조화를 이루는 듯 내부는 간결하고 단아한 분위기로 충만해 있다. 외벽은 벽돌 쌓기로 큰 벽체를 구성하고 아치 모양의 창문을 낸 고딕 양식의 교회당은 평면구조가 성단聖壇 부분에 익부翼部가 달린 십자형으로 구성되었다.

내부를 들여다보면 평평한 천장 구조가 눈에 들어온다. 게다가 외부의 고딕 양식을 생각하면 최소 장식으로 마감될 것으로 예상되는 기둥은 별다른 장식 없이 소박한 정서를 유지한다.

현재까지 대한민국에 유일하게 남아 있는 19세기 교회 건물로 알려진 정동제일교회 붉은 벽돌 예배당을 미국이나 유럽의 고딕 양식 건물들과 단순 비교하면 초라하고 단출한, 공장이나 창고를 닮은 공간에 불과할지도 모른다. 하지만 종교 시설로서 예배당의 가치는 그것만으로 해석이 불충분하다. 예배당은 한국 개신교가 한반도에 토착화하는 과정에서 한국인의 심성과 어우러져온 생명의 사건이란 측면에서 조망되어야 하며, 그런 측면에서 이 건물의 가치를 보자면 절정의 감흥을 나타내기에 충분하다.

정동제일교회를 기폭제로 한국교회는 본격적인 성장을 경험했다. 한국의 근현대사가 겪은 격랑의 역사 속에서 점유된 공간의 중요성은 단순한 기술이나 외관의 미적 가치만으로는 평가할 수 없기 때문이다.

이 부분에 언급된 정동제일교회의 가치가 오래된 교회 건물의 연

정동제일교회 전경(왼쪽)과 벧엘예배당.

혁에만 있다고 생각되진 않는다. 오히려 이 가치는 한국 역사가 걸어온 종교 건축의 아이러니와 더불어 한국교회사에 불어닥친 전통과 혁신의 길항작용에 대한 전거를 제시한 사례로 봐야 할 것이다.

전통과 혁신의 길항작용

문화재로 선정될 정도로 역사 속에 뿌리내린 정동제일교회 예배당, 그 붉은 벽돌 예배당은 1897년 건축, 봉헌될 때부터 한국 감리교회와 민족의 흐름 속에서 중심축 역할을 감당해왔다. 그 중심축에서 정동제일교회는 전통이란 구태의 함정에 함몰되지 않는 혁신의 모티프를 적극적으로 제시했다.

봉건적 신분 차별과 여성 차별에서 벗어나지 못했던 1900년대,

정동제일교회 예배당은 남녀를 가르는 휘장을 과감히 벗겨냈다. 낡고 억압적인 봉건적 사고의 이른 해체를 선고한 것이나 다름없는 그 사건은 교회의 혁신을 상징하는 하나의 사건이었으며, 종교문화의 도도한 물결이 일제의 억압, 공산주의의 패악질로 대표되는 역사의 부조리를 극복할 수 있는 원동력이 되어주었다. 정동제일교회 출신의 수많은 사람들이 기독교 정신을 갖춘 인재로 성장하게 된 점 역시 전통을 기반으로 전개되는 혁신을 품었기에 가능한 일이었다.

하지만 교회 건축 역사는 전통과 혁신의 상보적 조화보단 서로의 가치가 충돌하고, 한 측면이 다른 한 측면에 흡수되어 상쇄된 길항작용의 집약으로 봐야 할 요소가 다분하다. 정동제일교회 역시 또 다른 건물인 한국선교100주년기념예배당 출현과 그 막후에 일어난 건축 행위 사이에 일어난 전통과 혁신의 길항작용이 있었음을 확인할 수 있다.

물론 한국선교100주년기념예배당은 정동제일교회의 또 하나의 저력으로 평가받는다. 이러한 기념예배당이 출범할 수 있게 된 배경에는 통합과 지속의 의지가 뒷받침되었음을 부정할 순 없을 것이다. 하지만 그 출현 과정이 치열할 수밖에 없었음 또한 간과할 수 없다.

본래의 정동제일교회 예배당(현 문화재 예배당)은 그 문화재적 가치가 충분하다는 이유만으로 존재해야 할 명분이 당연하다고 생각할지 모른다. 하지만 예배당의 실제 사용자들에겐 곤혹스러운 일이다.

안타깝게도 문화재 예배당은 6·25 때 폭격을 받아 건축물 절반 정도가 파괴됐다. 절반 정도가 파괴된 예배당을 보수해 사용하는 일은 기술적인 문제도 상당하지만, 상흔을 입은 공간에서 예배하는 이들이 겪을 정서적 불편함과 어려움은 더 컸을 것이다.

1977년 11월 22일 정동제일교회 예배당이 문화재청으로부터 정식 사적 등록을 받기 직전까지 이 상황은 계속되었다. 기존의 문화재 예배당의 협소함과 불편함에 대한 안팎의 호소는 교회를 신축하자는 요청으로 자연스럽게 이어졌을 것이다. 혁신의 가치를 내걸고 새로운 교회를 세우고 싶은 측과, 이를 새로운 세력 출범의 과시로 간주하고 견제하려는 종교 권력 사이에서 일어난 보이지 않는 충돌, 그 충돌을 외부에서 지켜보며 정동제일교회 예배당의 문화재적 가치를 인식한 문화재청의 선택이 예배당 사적 등록으로 이어졌다는 사실, 그 막후 배경을 유추하는 일은 비약이 섞인 억측만이 아닐 것이다.

결국 문화재 예배당은 해체 경로를 밟지 않고 전통의 역사적 가치로서 대한민국 역사의 한 지점을 점유하게 되었다. 또한 정동제일교회에 이러한 전통을 기반으로 새로운 혁신을 상징하는 주체성이 출범하게 된다. 단순한 길항작용을 넘어선 또 다른 주체성이 정동제일교회 역사와 함께하게 된 것인데, 바로 한국선교100주년기념예배당이다.

정동제일교회 한국선교100주년기념예배당(위)과 내부 본당.

길항작용을 넘어
- 한국선교100주년기념예배당

기존 문화재 예배당을 비켜서 그 뒤에 지어진 한국선교100주년 기념예배당은 현재 정동제일교회 본당으로 사용되고 있다. 사회 교육관은 교회 창립 100주년을 기념해 지어졌다. 전통을 상징하는 문화재 예배당을 그대로 보존한 채 새롭게 도입된 기념예배당은 전통 속에서의 혁신, 그 주체성의 점유 방식을 재생이란 개념으로 이끌어냈다는 평가를 받고 있다.

본당과 사회교육관 공간 쓰임새는 철저히 교인들의 기능별·직능별 분포와 공간 비중 분석에 의해 각 프로그램에 맞는 가변형 공간 조성을 목적으로 한다. 그러한 가변성은 예배의 제공자와 수혜자라는 고정된 종교의식 소비에만 머무르지 않고, 예배 안에서의 교육·친교·선교·봉사가 상호작용을 일으키는 효과를 촉진한다.

그와 동시에 정동제일교회는 교회 건축의 가치가 단순히 종교문화 영역에만 머무르지 않아야 한다는 것을 자각하고 교회 건축이 지역 커뮤니티 센터로 기능할

100주년 기념탑.

수 있도록 교회의 사회적 역할을 도입하는 걸 망설이지 않았다. 정동제일교회를 떠올리는 키워드가 이제는 기독교인과 비기독교인의 차이가 아닌 한국 역사의 살아 있는 증인, 종교 문화 발원지로 인식하게 할 만큼 역사와 종교의 가교 역할을 수행해낸 것이다.

이제 정동제일교회는 한국교회 역사에서 새로운 의미 주체로 떠오르길 요청받고 있다. 그 새로운 의미 주체는 새로운 교회 패러다임과 밀접히 연관되어 있다.

전통과 혁신의 갈림길에서

졸평抽評에 기울어질 난처함을 무릅쓰고 감히 한국교회의 현재를 진단해보고자 한다.

21세기 한국교회는 이도 저도 아닌 하위 호환의 서브컬쳐subculture로 주저앉을 위기와 그에 대한 반발 작용 속에서 스스로 녹아내리는 형국이다. 수용자 중심, 회중 중심의 개신교 교회 건축물은 현대화란 외피를 쓰고 한반도 지형을 공격적으로 잠식해갔지만, 그 건축적 가치는 지금 당장 허물어지고 다시 지어져도 별 상관없을 만큼 가벼운 비중으로 내려앉았다. 재개발 광풍으로 기존에 있던 교회 예배당이 다 철거되고 새롭게 지어져도 별 변화를 못 느끼는 상황과 같은데, 이는 교회 건축이 한국 사회 문화, 예술, 사회학적 가치, 그 어떤 영역에서도 별 존재감이 없는 도시 문화의 하위 변수로 전락했다는 서글픈 방증이다.

하위 변수로 전락한 한국교회 건축의 현실에서 정동제일교회는 적어도 문화재라는 사회학적 지분을 갖고 오늘에까지 다다랐다. 이를 전통의 지속적 측면에서 보자면 정동제일교회는 향후 선택해야 할 지속성의 가치가 무엇인지 진지하게 고민해야 할 시대적 요청을 외면해선 안 될 것이다. 혁신이라는 명분을 앞세워 무색무취한 정체성으로 다가갔다간 이도 저도 아닌 꼴을 겪게 될지도 모르기에 그렇다.

하드웨어는 문화재요, 소프트웨어는 박람회장이나 전시회장 정도의 의미에 머무르는 교회가 될 것인지, 하위 변수로 내려앉은 교회 가치를 종교 문화의 틈새에 살아 숨 쉬는 사회학적 담론을 창조적으로 재생해내는 상위 호환의 플랫폼으로 혁신하는 기회로 만들어낼 것인지는 단지 정동제일교회의 고민만이 아닌 한국교회 전체의 고민이기도 하다. 오늘의 한국 사회에서 교회가 사회의 골칫덩이로 주저앉은 것만큼은 외면할 수 없는 사실이기 때문이다.

예배당의 본질을 회복하면서도 그 예배당이 사회의 골칫덩이나 흉물로 점유되는 수치를 지속하지 않겠다는 적극적인 문제의식을 지녀야 하는 이유가 여기에 있다. 그렇기에 정동제일교회를 통해 한국교회의 미래를 진단하는 일은 결코 강 건너 불구경하는 남의 일이 아니다. 이는 한국교회를 사랑하는 모든 그리스도인의 공통된 고민이다.

지방, 토착화, 그리고 교회
김천서부성결교회

젠트리피케이션과 교회

최근 한국의 사회적 문제 중 하나로 떠오르는 개념이 있다. 젠트리피케이션Gentrification이다. 젠트리피케이션 개념의 핵심은 서민들이 즐겨 찾는 공간이 미적 소비주의의 구미에 부합되는 관심 공간으로 떠오르면서 부동산 투기 자본이 집중되는 현상이다. 이로 인해 지역 원주민들, 지역 소상공인 임대 사업자들이 정작 그 지역에서 소외되고 밀려나는 결과를 맞이한다.

자연 발생적인 미학적 가치를 함유한 벨트 생성이 오히려 그 지역에서 오랫동안 활동해온 이들을 밀어낸다는 논리다. 이러한 작동 기제의 근간엔 언제나 그렇듯 자본이 존재한다. 투기 자본의 탐욕에 의해 본 지역의 미학적 뿌리조차 소비재, 다시 말해 돈벌이 수단으로 전락해버리는 것이다.

필자는 젠트리피케이션 개념을 좀 더 확장해 살펴보고자 한다. 흔히 젠트리피케이션의 근거로 지형적 인접성을 꼽는다. 다르게 말해 젠트리피케이션 현상이 나타나는 곳은 다수의 인구가 자연스럽고 무리 없이 이너 서클Inner circle 할 수 있는 대도시 중심의 공간이라는 것이다.

큰 범주에서 보면, 이 현상으로 본래 자기들 자리에서 밀려나는 이들은 이너 서클이 아닌 아우터 서클outer circle의 궤도로 밀려나게 된다. 소외되고 밀려난 원주민들은 젠트리피케이션 현상의 퇴적물 취급을 받는데, 이러한 취급에 대한 자조적 표현으로 '지방'*이란 보통명사를 사용하는 걸 우리는 어렵지 않게 보게 된다.

이러한 사회적 현상에서 종교 시설은 과연 어느 정도로 심각성을 공유하고 있을까. 특히 한국 개신교는 어떨까.

한국 개신교 교회 건축은 여러 경우의 수로 분류되겠지만 대세는 크게 두 가지 방향으로 나뉜다. 한 가지는 소비재, 곧 부동산 투기 자본이 집중해 몰리는 곳에 자리 잡은 교회는 더욱 그 위세를 확장하거나, 투기 자본의 중심으로 더 깊이 파고들려는 욕망에 집중한다. 다른 한 가지는 신도시를 목표로 잡고 교회를 선점해 지어 올리는 것이다. 두 가지 방법 모두 한 가지 공통분모에서 한 발자

---

* 필자가 본 책에서 사용한 '지방'이란 용어는 욕망의 코드에 의해 퇴락했다는 뜻으로 사용한 한시적 의미이지, '수도 이외의 지역'이란 사전적 의미가 아님을 밝힌다.

김천서부성결교회 예배당.

국도 벗어나지 않는다. 바로 관심 공간의 중심에서 가장 화려한 신의 영광을 구현하고 싶은 욕망을 숨기지 않는다는 점이다.

경북 김천이라는 지방 도시에서 반세기 이상의 역사를 지닌 김천서부성결교회를 찾았을 때, 필자에겐 이 문제가 필연적으로 다뤄야 하는 나름의 당위성으로 다가왔다. 한국 개신교의 종교 시설 전통에서 이너 서클의 반대급부인 아우터 서클에 울며 겨자 먹기로 자리 잡은 교회와 지방의 관계, 이 관계를 새롭게 혁신하는 개신교 교회 건축의 토착화에 대한 미학, 더 나아가 그 미학이 어떤 건축학적 위치로 자리매김하는지를 살펴보는 것은, 향후 교회 건축의 미래를 진단하는 일까지도 포괄할 수 있다는 생각 때문이다.

욕망의 잔류물
혹은 또 다른 지점

개신교 교회 건축에 있어서 지방은, 다른 지역이 소비재의 욕망에 어떻게든 편입되려 애쓰는 동안 자연스럽게 퇴적되거나 잔류하는 개념이 되어버렸다. 이 대목에서 지방의 종교 시설은 욕망의 뒤란으로 밀려난 소외의 퇴적물로 하향 평준화한 것이 사실이다. 이러한 패잔병 같은 생각과는 다른 지정학적 위상, 곧 욕망의 방향성과 무관한 독립적 미학 가치를 인정받는 움직임 역시 선명해지는 것이 사실이다.

지방의 교회 건축을 바라보는 시선은 두 가지다. 한 가지는 지방교회를 대도시 중심의 개신교 교회 문화에서 이탈된 일종의 젠트리피케이션 개념으로 인식하는 경우다. 즉 소외된 교회로 인식하는 것이다. 이를 더 위악적인 성공 위주의 개신교 개념으로 견주어보면 실패하거나 주류에서 밀려난 교회로 보는 인식으로 하향 진화한다.

그렇지만 반대 개념도 엄존한다. 지역사회에 견고하게 뿌리내린 교회들은, 지방을 대도시에서 밀려난 지역으로 간주하는 우매한 착오에 대해 자연스럽게 반기를 들게 해준다.

중앙정부의 주요 정책으로까지 떠오를 정도로 대한민국의 대도시, 수도권 집중 현상은 심각하다. 상황이 이렇다 보니 다분히 피플 파워에 의존할 수밖에 없는 개신교회의 체질적 특성 역시 대도시와 신도시 위주로 집중되는 걸 막지 못한다.

하지만 지방 교회는 이러한 체질적 움직임에 반기를 든다. 피플 파워에 의존하는 교회 트렌드와 무관하게 지역사회에 뿌리내린 교회는 인구 변동, 인구 축소라는 변수에 맞서 그 지방의 지형학적 특수성과 상징성을 선도하는 종교 시설로 자리매김하고 있다. 이렇듯 지방의 역사와 보폭을 함께 맞추는 시도 내지는 현상을 필자는 교회 건축의 미학 측면에서 토착화*라 명명하고자 한다.

김천서부성결교회,
전형성에 새로움을 포개다

김천서부성결교회는 1952년 7월, 김천시 평화동에 세워진 이래 그곳에 뿌리를 내리고 교회 역사를 지속해왔다. 김천서부성결교회는 김천시라는 지방 도시, 그 지역 공동체와 호흡을 같이하기 위한 시도를 멈추지 않았다. 그런 점에서 이 교회가 지역사회에 토착화한 교회라는 사실은 분명하다. 인구 절벽, 인구 축소 문제가 심각한 지방 도시의 핸디캡에도 김천서부성결교회는 교인 수의 역성장을 일군 교회로도 새롭게 평가되고 있다.

물론 교회라는 정체성에서 우선순위는 사람, 지역이 아니라 하나

---

* 본 책에서 명명한 토착화는 기독교와 지역 문화의 융합을 시도한다는 의미와 함께 교회 건축이 지역 문화의 상징성으로 기능한다는 건축미학적 의미를 더한 것임을 밝힌다.

김천서부성결교회는 공존형 모델이라는 건축 방식을
선택했다. 예배당 내부모습.

님이다. 하지만 사람들이 자리 잡고 사는 지역, 그 공간의 지형적
정서와 호흡하는 일을 멈추지 않고 유지·지속하는 것 또한 교회의
또 다른 정체성임을 간과할 수 없다. 그런 점에서 김천서부성결교
회는 건축적 의미에서 토착화를 건실히 유지해왔음을 인정하지 않
을 수 없다.

　이 경우 토착화의 미덕과 한계가 동시에 제시된다. 김천시란 지
역이 갖는 의미를 만약 부동산 투기나 이너 서클 관점으로만 평가
한다면 주류로 보기는 어렵다. 눈에 보이는 영향력이나 인구 감소
추이로만 판단할 경우 김천시는 변방의 지방 소도시일지도 모른

다. 토착화한 교회는 이러한 외부 시선에 아랑곳하지 않고 김천시 지역 공동체를 존중하는 태도를 그 교회의 존재 지속만으로 설득 근거로 제시한다. 소비재 중심의 문화, 관심 공간 위주로 집중되는 사회현상과 상관없이 김천서부성결교회는 지형학적 변방을 인정 하지 않고 그 지역의 상징적 지위를 지속한 것이다.

이 경우 한계점 역시 고스란히 노출된다. 바로 전형성이라는 함 정이다.

숱한 문제점이 있는 피플 파워를 좇는 개신교 교회 건축과 교회 프로그램은 한 가지 강점을 갖고 있다. 매번 여론의 구미에 맞게 빠르고 역동적인 변화를 추구한다는 점이다. 새로운 시대 변화, 교 회로 모인 구성원들의 트랜드와 시국 정서에 나름 민감하게 반응 하면서 생존력을 키운다는 점에서 토착화한 지역 교회는 상대적으 로 취약할 수밖에 없다. 토착화한 전통을 내세우는 것만으로는 전 형성을 벗어날 방법이 묘연하기 때문이다.

김천서부성결교회는 여느 반세기를 넘긴 교회와 마찬가지로 교 회 증축과 리모델링 과정을 거쳤다. 기존 건물만으로는 수용하기 어려운 교인의 확장, 좀 더 현대적인 프로그램 도입과 미학 창출을 위한 교회 내적 고민의 산물이 반세기를 넘어서는 교회 역사 속에 서 치열하게 진행돼왔다. 고민이 일어난 근거는 앞서 말한 토착화 한 지역 교회의 상징성과 전형성의 함정이라는 한계 극복, 두 가지 문제에 대한 대안 마련을 위한 고민으로 읽힌다. 그리고 김천서부 성결교회는 적절한 미학적 대안이 담긴 건축을 제시했다.

토착화와 새로움의 공존

김천서부성결교회는 교회 증축의 한 방법으로, 기존 건물에 새롭게 리모델링되는 건물을 자연스럽게 이어 붙이는 공존형 모델을 선택했다. 기존 교회 건물을 허물지 않고 보존하면서 모더니즘 양식의 건물을 새롭게 도입하는 증축을 시도한 것이다.

구건물과 신건물의 건축적 분위기는 사뭇 상이하다. 표면적으로만 보면 부조화로 읽힌다. 구건물의 교회 건축양식에 맞추든지, 구건물을 철거하고 새로운 모더니즘 건축양식의 신건물을 전면 도입하는 방법이 언뜻 보기에는 더 합리적으로 보인다.

하지만 김천서부성결교회는 '공존'을 선택했다. 옛것과 새것이 함께하는 공존 모델을 선택한 것이다. 이 시도가 가져오는 효과는 토착화와 새로움의 공존으로 읽을 수 있는 교회 건축의 탈기능적 원형을 제시한다.

교회 건축은 일반 건축 시설과도 구별되며, 여타의 종교 시설과도 구별되는 생리적 특질을 갖는다. 이 특질은 개신교 고유의 본령에 대한 반응으로 연결된다. 본령적 반응의 궁극에는 신의 임현에 대한 항존적 새로움이 자리하고 있다. 신의 임현은 늘 푸른 소나무처럼 불변한 고정성을 상징한다. 반면 개신교회를 대표하는 복음은 날마다 새로울 것을 요청한다.

김천서부성결교회는 항존적 새로움을 지속 가능하게 하는 하나의 방편으로 구건물과 신건물의 부조화적 조화를 도모했다. 이러

교회는 지방에 자리 잡은 개신교회 가운데 또 하나의 공간 미학으로 기념될 것이다.

한 시도는 의도하든 의도하지 않든 지방에 자리 잡은 토착화한 개
신교회 가운데 또 하나의 공간 미학으로 기념될 것이다.

지방, 토착화,
그리고 교회

대도시, 투기 자본, 피플 파워. 이 세 가지 키워드가 한국교회의
필요조건으로 작동한 지도 꽤 오랜 시간이 지났다. 한국교회는 자
신들이 깃발을 꽂은 곳마다 하나님이 은혜를 주셔서 부동산 가격
이 오르고 교육의 명소가 되었다고 주장할지도 모르겠지만, 이는

지독한 착각이다. 이를 계속 주장한다면 끝내 교회는 대국민 사기 집단이 될 것이다.

너무나 당연한 말이지만 교회는 하나님을 만나는 자리다. 교회는 주류와 비주류, 이너 서클과 아우터 서클의 차별이 없는 평등한 공간을 지향해야만 한다. 그것이 교회라는 합의가 가능하다면, 이제 다시 새겨 넣어야 할 한국교회의 필요조건 키워드는 달라져야 한다. 지방, 토착화, 그리고 교회 그 자체로서의 교회가 21세기 한국교회가 품어야 할 건축의 화두가 되어야 할 것이다.

보존과 변화 사이에서

체부동성결교회

한국 성결교회의 살아있는 역사

체부동성결교회는 1924년 6월 30일, 무교정교회(현 중앙성결교회) 누하동 지교회로, 한 교인의 가정집에서 창립 예배를 드리는 것으로 시작했다. 이후 1931년 체부동 교회당을 건립하기에 이르렀고, 일제강점기에 탄압을 받으며 건물을 찬탈당하고 강제해산의 아픔을 겪는 등 민족과 함께 교회도 수난을 겪었다.

해방 이후 다시 예배당을 돌려받은 교회는 오늘날 성결교회의 대표적 상징으로 발돋움한 신길교회와 신촌교회를 지원하는 등 성결교회의 분명한 가치를 심어주는 역할을 감당했다.

그러던 교회가 한 차례 커다란 변화의 계기를 맞게 된다. 교회 창

체부동성결교회 예배당 전경.

립 70주년을 맞이한 1994년 새로운 예배당과 빌딩 설립을 결의,
1997년 강서구 등촌동으로 이전하기에 이른 것이다. 교회 명칭도
영광교회로 변경한다.

소중한 역사와 전통을 지닌 종로구 체부동에 있던 체부동성결교
회는 이후 어떻게 됐을까. 여기서부터 교회는 새로운 변화를 맞는
데, 그 사연을 이야기하기에 앞서 주목해야 할 부분이 있다. 체부
동성결교회의 건축적 가치를 먼저 살펴보는 일이다.

체부동성결교회 예배당에는 프랑스와 영국의 근대건축 기법이 녹아 있다.

근대와 현대의 경계를 잇다

1931년에 지어져 오늘날까지 명맥을 유지하고 있는 체부동성결교회 예배당은 근대와 현대 사이에서 경계를 이루는 건축사적 의미를 갖고 있다. 지금은 교회의 전형적 스타일로 자리 잡았지만 높게 솟은 십자가 첨탑과 조적 기법으로 지어 올린 벽돌 예배당은 현재 사대문 안에서 보존 가치가 가장 높은 벽돌식 건축물로 평가받는다.

벽돌 예배당이 추구하는 방식에서 나타난 건축사적 의미는 근대건축 기법의 절묘한 융합으로 귀결된다. 일제강점기부터 해방, 한국전쟁으로 이어지는 한국 근현대사의 비극과 아픔을 그대로 받아들이고 투영하는 수용과 반영의 원리를 견지해온 것이다.

특히 체부동성결교회 예배당은 프랑스와 영국의 근대건축 기법을 발견할 수 있는 몇 안 되는 건물 중 하나로 꼽는다. 여러 번 증축과 개축을 거듭하면서 왼쪽 벽은 프랑스식 조적 기법으로 한 단에 벽돌의 긴 면과 짧은 면을 번갈아 교차해 보이도록 마감했고, 오른쪽 벽은 영국식 조적 기법으로 단을 구획으로 나눠 한 단에는 긴 면, 다른 단에는 짧은 면이 보이도록 쌓았다.

1920년 기도실로 시작해 1931년, 교인들 모금으로 신축된 벽돌 예배당은 건축사뿐 아니라 역사·사회적으로도 큰 의미를 지니는데, 건축가 김원은 그 문화적 배경을 다음과 같이 짚어낸다. 그는 체부동성결교회가 오래전부터 양반 마을인 북촌에 있었다면 뾰족한 십자가 탑은 세우지 못했을 것이라며, 교회가 위치한 서촌의 특징이라고 할 수 있는 중인이 모인 지역의 개방적 문화 축적이 낳은 절묘한 해법이었다고 교회 가치를 평가했다. 또한 왕실의 엄격함과 보수성이 자리 잡은 왕궁 옆에 교회가 들어설 수 있었던 배경에도 이러한 개방적 문화의 축적이 있다고 봤다.

체부동성결교회는 근대와 현대가 공존하는 흔적을 여러 곳에서 분명히 나타낸다. 남녀가 유별하다는 가르침을 지키기 위해 유교적 풍습을 따라 교회 예배당 동쪽 벽에는 남녀가 따로 출입하기 위한 별도의 출입구 흔적이 남아 있다. 지붕을 목조 트러스 구조로 된 근대 건축양식 그대로 복원한 점 역시 한국 근현대사를 건축사적으로 지탱해주는 역할을 감당한다.

공간을 온전히 보존하려는 의지를 보여주는 건 이뿐만이 아니

예배당과 연결된 부속 건물인 한옥(왼쪽). 우측 담벼락에 꽃무늬가 있는 꽃담이 보인다.

다. 후에 예배당을 관리하게 된 서울시는 리모델링 공사 중 1930년
대 민가에서 사용하던 꽃담이 한옥에서 발견되자 복원 작업을 거
쳐 원형이 보존되도록 조치했다. 벽돌 쌓기의 변화를 보여주는 외
벽과 목조 트러스를 유지함은 물론, 1930년부터 지금까지 이어져
온 시대 흐름에 따라 건축물의 변화 양태가 그대로 보이게 하기 위
해 트러스를 있는 그대로 노출했다.

　이렇듯 체부동성결교회는 1900년대 초반부터 이어져 내려온 한
국 근현대사의 기념을 공간적으로 구축해오고 있으며, 지금까지
그 전통은 계속되고 있다. 건축사적·문화적 의미로서 교회의 전통
은 지속되는 것이다. 하지만 풀어야 할 숙제 같은 질문은 남아 있
다. 개신교회로서의 가치에 대한 질문이 그렇다.

보존 가치를 선택하다

1997년 교회가 이전 설립한 뒤 남게 된 체부동성결교회는 새로운 담임목사가 부임하면서 안팎으로 재정비를 이루려 했다. 하지만 80여 년의 세월이 흐르면서 체부동성결교회를 둘러싼 안팎의 지형학적 환경은 너무나 많이 변해버렸다. 경복궁 옆 하천은 없어졌고 금천교도 매몰됐다. 하천 자리에 아스팔트가 깔린 건 결정적인 지형 변화다. 교회가 위치한 서울 종로구 금천교시장도 그 이름이 '세종마을 음식 문화 거리'로 변경되었다. 관광을 지역화하려는 종로구청의 의지가 담긴 변화였다.

급변하는 주변 환경으로 가장 큰 변화를 맞은 건 원주민 이탈과 주거 시설 기능의 쇠퇴다. 이를 두고 보면 체부동성결교회는 전형적인 젠트리피케이션의 직격탄을 맞은 게 분명하다.

상권이 발달하면 땅값이 오른다. 땅값이 오르면 임대료가 치솟는다. 원주민들이 계속해서 상가 건물로 전환하거나, 웃돈을 얹고 매매를 유도하는 투자자들 유혹에 못 이겨 집을 팔고 떠나는 현상이 가속화되는 것이다. 체부동성결교회에 남아 있던 교인들도 그곳 원주민인데, 원주민들이 하나둘 떠나자 교인 역시 자리를 비우게 되었다. 그래서인지 어느 날부터인가 교인들이 하나둘씩 줄기 시작했고, 결국 교회는 재정적으로 더 이상 예배당을 유지할 수 없는 잠정적 파산 상태에 직면하게 되었다.

그러던 중, 중국 사업가라며 고액을 제안하며 교회 건물을 매각

예배당 측면(위)과 실내 모습. 생활 문화 센터로 활용될 예정이다. 교회는 서울시가 최초로 지정한 우수 건축 자산이기도 하다.

할 것을 제안하는 사람이 등장했다. 고민에 고민을 거듭한 교회는 결국 일반 사업가들이 제안한 액수보다 훨씬 낮은 가격을 받고 서울시에 매각하는 파격적인 결정을 하기에 이른다. 체부동성결교회 예배당을 역사적으로 보존하는 조건을 걸고 말이다.

　서울시는 문화재는 아니지만 역사적·사회문화적 가치를 지니거나 국가의 건축 문화 진흥 및 지역 정체성 형성에 기여하는 건축물, 공간 환경, 사회 기반 시설을 '우수 건축 자산'으로 등록해 관리하고 있다. 체부동성결교회는 서울시가 지정한 첫 번째 우수 건축 자산이다.

지금의 체부동성결교회 예배당은 서울시에서 일정 부분을 리모델링해 생활 문화 지원 센터로 활용하고 있다. 서울시민, 지자체 주민이 활용할 수 있도록 공간을 자유롭게 오픈한 것이다.

마지막까지 남아 있던 교인들은 지금 다른 장소에서 그 역사를 이어가고 있다고 한다. 이런 교회 입장에 대해 교계 관계자는 교회 존립 가치와 의미를 분석했는데, 건물의 건축사적 의미로 미루어보면 충분히 보조하고 지켜나가야 하겠지만, 교인들 입장에서는 직접 예배에 참여해야 하는 고충이 있기에 교회 이전을 고려해볼 수도 있는 상황이라는 것이다. 공간의 보존이 아니라 정신의 보존, 정신의 계승을 지속한다면 체부동성결교회가 없어졌거나 팔렸다고 확언할 수는 없다는 분석이다.

이러한 분석의 길목에서 필자는 묻고자 한다. 과연 이 같은 보존이 최선이었을까. 이 질문에 답을 내린다면, 절반의 긍정과 절반의 아쉬움이라고 표현하고 싶다.

교인 수와 헌금에서 벗어나려면

젠트리피케이션 현상으로 교인 수가 급격히 감소하고 거리 전체가 관광지로 변하면서 체부동성결교회가 더 이상 교회 기능을 수행하지 못한다고 판단한 것은 어쩌면 자연스러운 결론으로 읽힌다. 한편, 이러한 결론을 도출하기까지 다른 대안이 없었는가 하는 아쉬움이 남는다.

이 아쉬움은, 한 교회가 건축물로서 가치가 있는 예배당 보존과 관련해 내린 소중한 결론을 존중하는 일과 무관하게 한국교회 전체가 품고 있는 문제의식과 해법에 대한 질문으로 이어진다.

교회의 전통적 지지 기반은 예전과 친교, 선교로 집중된다. 케리그마(선포)를 강조하는 개신교 전통에서는, 설교하는 목사와 교인의 상호 관계를 교회 공동체 존립 기반으로 여기는 분위기가 팽배하다. 따라서 교인 수 감소는 교회에 치명적 영향을 미친다. 거기에다 한국 개신교는 각 개교회 중심으로 각자도생을 요구받고 있다. 교인 수 부흥과 적극적 헌금 참여가 이뤄질 때는 재정 운영에 어려움이 없지만, 그 반대 상황이 벌어지면 교회 운영이 어려워지는 게 현재 개신교회의 현실인 것이다.

체부동성결교회의 오래된 역사, 그 역사 속에서 개신교회가 갖는 역할에 대한 확장성 고민을 좀 더 치열하게 해봤으면 어땠을까 하는 고민이 이 지점에서 생긴다. 교회가 케리그마의 필요조건을 논할 때 교인 수 운집에만 무게중심을 두지 않았으면 한다. 지역사회, 공동체 문화 활동, 시민사회와 함께할 수 있는 복합 플랫폼 용도로 확장하는 방법도 고려하는 고민이 요청된다고 본다.

교인 수와 헌금, 이 두 축이 교회 존립 근거의 절대다수를 차지하는 현실 비중에 대한 분산 배치를 고려하는 것이 요구된다. 이것이

가나안 교인이 늘어나고 출석 교인이 줄어드는 한국 개신교 교회 현실에 필요한 과제로 떠오르고 있다.

너무나 한국적인, 너무나 본질적인
대한성공회 강화성당

아홉 차례 종이 울리는
한옥 교회

여행 목적이든 취재 목적이든 강화를 찾게 되면 꼭 한번 들르는 곳이 있다. 더욱이 찾게 되는 날이 주일이라면, 또렷하고 청아한 한 소리를 어김없이 듣게 된다. 강화읍이 내려다보이는 북산에서 울려 퍼지는 범종 소리다.

역사적 유래를 살펴보자. 강화읍이 내려다보이는 북산은 800여 년 전 고려가 몽골군에 맞서 임시로 도읍과 왕실을 옮겨온 고려궁 지의 남쪽 언덕이기도 하다. 멀지만 생생한 여운을 남기는 그 소리는 그곳에서부터 청아하게 울려 퍼진다. 언뜻 들으면 절이나 사찰

대한성공회 강화성당 외관.

에서 나는 소리 같지만 불교 예식과는 사뭇 다른 한 가지가 특별한 감흥을 남긴다.

거룩하시다,
거룩하시다

신을 찬미하는 메아리를 연상케 하는 길고 긴 종소리는 모두 아홉 차례 울려 퍼진다. 그 종소리에 젖어 들면, 그곳이 절이나 사찰이 아닌, 주일미사를 시작하는 성공회 성당의 주일 풍경임을 실감하게 된다.

장엄하면서도 소박한, 표현하기 어려운 절묘한 여운을 남기는 종소리가 마당 깊은 한옥 건물 앞에서 들려올 때마다 필자의 마음은 두 갈래로 양분된다. 익숙한 안정감을 느끼면서도 새로운 갱신의 요구와 부름에 민감하게 반응케 되는 필연성을 피하기 어려운 것이다.

주일미사 때마다 아홉 차례 종이 울리는 이 한옥 교회의 정식 명칭은 '대한성공회大韓聖公會 강화성당江華聖堂'이다. 이곳은 대한제국 시절 세워진 한국 최초의 한옥 성당으로, 현재 대한민국 사적 제424호로 지정되었다.

건축 당시를 살펴보자. 프랑스와 미국을 상대로 충돌한 병인양요(1866)와 신미양요(1871)를 경험한 강화도 주민들에게 상대적으로 신사적인 이미지를 지닌 영국인들은 적이 아닌 친근한 느낌으로 지속되었다고 한다. 영국에 뿌리를 둔 성공회는 강화도 주민들의 이러한 친숙함에 힘입어 뿌리내릴 수 있었던 듯싶다.

1897년, 조선 왕실 산하 해군사관학교인 '통제영학당' 교관으로

범종(위)과 범종에 새겨진 성경 구절.

재직 중인 영국 장교 콜웰William H. Callwell 대위에게서 강화 중심부
의 관사와 대지 3000여 평을 매입했다. 이후 1900년 11월 15일,
성베드로·바오로성당과 유사한 양식으로 축성한 곳이 현재의 강화
성당으로 자리매김했다.

   여기까지가 우리에게 친숙한 이미지로 다가온 대한성공회 강화
성당의 역사적 배경이다. 이제 그 익숙한 인상과 배경을 품고, 교
회의 본질에 대한 두 가지 질문을 던져보고자 한다. 문화재와 신성
성 사이의 의미에 대한 질문이 그렇다.

   성공회를 아울러 교회는 한목소리로 하나님을 담아낸 곳이라 말
한다. 우리의 이성 세계, 현상계를 넘어선 미지의 영역을 탐지하고

픈 장소 역시 신성성으로서의 교회다. 세월의 풍상은 역사가 되고, 그 역사를 퇴적의 결로 담아낸 것이 문화재라면, 성공회 강화성당은 문화재로서의 교회로 표현되기에 부족함이 없다.

그런데 필자는 여기에 한 가지 의미를 더 찾고자 한다. 본질로서의 교회, 그 자리는 어디에 자리 잡고 있을까.

한국적인, 너무나 한국적인

강화도에서만, 그리고 강화도이기에 가능한 역사의 흔적일까. 성당이라 불리지만 외부는 영락없이 국보급 사찰 대웅전과 흐름이 비슷하다.

강화 시내가 한눈에 들어오는 언덕 위 한옥 건물 한 채. 성서 속 주요 모티프 중 하나인 구원의 방주를 떠올리게 하는 한옥 담장이 길게 뻗어 있다. 안내판 설명처럼, 외관은 한옥이라는 한국식 풍습 아래 기독교적 메시지를 녹여내는 데 전력을 다했음을 짐작하게 한다.

"세상을 구원하는 방주로서의 의미를 분명히 하기 위하여 배의 형
   상을 따랐다."

당시 건축 공사는 궁궐을 제작하던 도편수가 주도했다. 이후 몇 차례 보수가 있었지만, 처음 모습에서 거의 훼손되지 않았다. 세

상을 구원하는 구원의 방주 이미지 구현을 더욱 확실히 하려는 듯, 배의 형상을 따랐다.

그곳에서 조금 더 성당을 향해 걸음을 옮겨보면 이내 계단이 보이고, 그 계단을 오르면 끝에 세 칸 솟을대문이 무심하게 모습을 드러낸다. 가운데 칸 지붕이 높이 솟아오른 예스러운 대문인데, 그 위용이 고위 관직의 기와집을 방불케 한다.

대문의 윗측과 좌·우측엔 홍살을 세우고 태극을 단 행랑 창이 자연스럽게 눈에 들어온다. 홍살과 태극의 표식은 한국적 전통을 따르는데, 악귀나 악한 풍습을 몰아내고 긍정적인 에너지만 넘쳐나길 기원하는 염원을 담은 듯하다. 길표吉表의 의미로 사용된 것이다.

긍정적 기운의 상징인 태극무늬는 성당 외관 곳곳에서도 발견된다. 문짝에도 향교나 사당 문 앞에, 길운으로 가득한 느낌의 태극무늬가 새겨진 것을 볼 수 있다.

이렇게만 대한성공회 강화성당을 보면 전형적인 한국적 고택의 한 풍경을 떠올릴 법하다. 빛바랜 한자 편액이 없다면 말이다. 너무나 한국적이라 쉽게 잊힐 법한 당시 서양 종교의 흔적이 한국적 토착화의 한구석에서 수줍지만 그 역시 분명한 아로새김으로 면면히 흐르는 것이다.

우선 태극무늬 속에 숨겨져 있는 둥근 곡선이 성공회 십자가를 형상화하고 있다. 종각을 겸한 내삼문을 지나면 예배당이 보이는데, 처마 끝 서까래 둥근 마구리에 태극, 사각 마구리에 십자가를 그려 넣은 흔적이 있다. 이 흔적들은 가장 한국적이면서 가장 본질

측면에서 교회 전경을 바라보면, '구원의 방주'가 연상된다(위).
강화성당 예배당 현판.

적인 기독교 가치의 병립, 혹은 조화의 의지 외에는 다르게 해석할
길이 없다.

강화성당의 십자가 역시 용마루 끝에 서 있다. 그 모습이 쉽게 자
태를 드러내고 싶지 않은 수줍음 혹은 겸손을 느끼게 했다. 또한
추녀마루 곳곳에 용머리 열두 개가 올라앉은 모습에선 예수님의
열두 제자가 필연적으로 떠오를 수 있지만, 이 역시 쉽게 알아보지

못할 정도로 소박하게 표현되어 있다.

이처럼 성공회 강화성당 외관은 철저할 정도로 한국적 토착화의 의지와 배려가 묻어 있다. 너무나 한국적인 바탕에 자신들의 정체성을 수줍게 소개하는 접근에서 필자가 조화를 보는 이유는 무엇일까. 더 본질적인 이유 탓이다. 외부에서 내부로 들어서는 진입의 순간 나타나는 바실리카양식으로 충만한 내부 세계가 그 해답을 주었다.

바실리카, 신성의 극치

강화성당은 외부는 전통 한옥 양식으로, 내부는 기독교 건축양식인 바실리카양식으로 지어진 기독교 토착화의 산물로 대표된다. 현재까지도 강화성당에서는 매 주일 미사를 진행 중이다.

성당 내부의 전체적 규모는 250여 명 정도가 수용 가능한 40칸 규모다. 1층에는 현관 용도로 사용되는 전실과 예복실 용도인 퇴실, 그리고 두 줄로 늘어선 기둥 외측에 사람들이 이동할 수 있는 회랑을 배치했다.

천장은 많이 높았다. 자연 채광을 우선 고려한 설계의 결과물이다. 더욱이 천창 용도로 유리창을 냈는데, 이는 서구 교회 전통 건축양식인 바실리카양식 도입 의지로 읽어낼 수 있었다.

중앙에 기도 공간을 두고 좌우에 통로를 낸 바실리카양식의 신비

강화성당 내부. 바실리카양식을 적절하게 구현했다.

는 서양을 대표하는 성스러움만 드러내지 않는다. '귀족의 집'이라는 뜻을 가진 가톨릭 성당의 원형인 바실리카양식은 본래 고대 로마와 그리스도교 시대 이전부터 사용되었다.

이탈리아의 시장, 관공서, 지붕이 덮인 야외극장, 강당 등 큰 지붕이 있는 공공건물에 주로 이 양식이 도입됐다. 가장 큰 특징은 화려함과 세부적인 장식, 집요한 이콘ikon의 나열을 배제하고 단순성과 장엄함을 최우선 가치로 설정했다는 점이다. 모든 이가 차별 없이 참여할 수 있는 공공 신비의 역설이 강하게 흐른다.

강화성당 내부는 다분히 바실리카양식의 적절한 구현으로 읽힌다. 내부를 들여다보면, 비록 바실리카양식의 대표 교회인 성바오로성당처럼 화려하지는 않지만, 구조를 동일하게 구현해내려는 의

사제관. 한옥 양식으로 지어졌다.

지를 읽을 수 있다.

들보와 서까래를 그대로 드러내고 지성소는 구별하는 방식, 중심부를 측랑側廊보다 높게 하고 그 사이에 창문을 내 빛이 틈입하도록 한 특징, 절 석등을 닮은 화강암으로 만든 세례대와 배흘림 모습을 띤 받침 기둥은 동양 종교를 향한 배려라기보다는, 단순성 속에 신비를 녹여내고자 하는 의지로 나타내기에 충분했다.

성공회 강화성당은 외부와 내부를 통해 오늘날 기독교인에게 무엇을 말하려는 걸까. 공간을 점유한 성스러움은 늘, 혹은 결정적인 순간에 자신을 드러내려는 본능을 품은 듯하다. 그리고 말하고자 한다. 너무나 한국적인, 하지만 너무나 본질적인 역사 속에서의 교회에 대해 말이다.

나무의 신비

천장 높은 장방형 공간에 세운 기둥은 회랑 전체를 장엄함으로 가득 채운다. 이 기둥은 1900년, 성당을 지은 트롤로프 신부가 백두산 적송을 뗏목에 싣고 와 세웠다고 한다.

어디 그뿐인가. 나무의 신비는 계속된다. 앞마당 한구석으로 눈을 돌리면, 오른편으론 10미터는 족히 넘어 보이는 보리수나무가, 왼편으로는 학자수學者樹라 불리는 회화나무가 우뚝 서 있다. 성공회 강화성당은 불교를 상징하는 보리수와 유교를 상징하는 회화나무을 좌, 우편에 나타내면서 너무나 한국적인 종교 상황에서 종교의 본질을 묻고자 함은 아닌지, 외면할 수 없는 둔중한 화두를 던지고 있다.

나무는 나무다. 그 본질은 변하지 않는다. 본질에 어긋나지 않는 한, 현지 문화에 융통성 있게 녹여내는 것이 성공회가 보는 기독교 선교다. 그 시도가 유의미할지, 성공적일지는 여전히 미지수다. 과연 사람들이 성공회 강화성당을 유서 깊은 문화재 이상의 종교적 가치로 인식할지도 의문이다.

그 너머의 성스러움, 본질을 향한 여정을 계속하는 일은 이제 거대한 침묵 속에서 때론 바람으로, 때론 세월의 풍상으로 질문을 던지는 우리 몫으로 돌아왔다.

결국 본질은 사람이다. 공간의 중심이거나, 공간의 한 조각일 수밖에 없는 사람 말이다.

조화와 무게, 그 사이에서
새문안교회

한국교회와 새문안교회

새문안교회는 대한민국의 최초의 조직 교회다. 시간을 거슬러 올라가보자. 1887년 9월 27일 화요일 저녁, 서울 정동에 위치한 호러스 그랜트 언더우드 목사의 사랑채에서 언더우드 목사의 주재 하에 한국인 서상륜 등 세례 교인 14인과 존 로스 목사가 참석한 가운데 첫 예배가 시작되었다. 이는 새문안교회의 첫 예배이자 한국교회 전체 역사에서 기념할 만한 교회사적 사건이기도 하다. 이날 한 명의 교인이 세례를 받고 두 명의 장로가 선출되었는데, 이를 두고 한국의 최초 조직 교회라 부르게 되었다.

이후 새문안교회는 식민지시대 해방, 6·25전쟁, 박정희 군사 독재라는 한반도 역사의 흐름 속에서 대체로 안정적인 가운데 약간의 불안한 행보를 보이며 오늘에 이르렀다.

불안함이란 일제강점기라는 식민지 체제에 대응하는 새문안교회의 태도였을 것이다. 일제강점기의 상황 속에서 새문안교회는 1930년대 초반까지만 해도 교회다움의 사명을 잘 감당한 것으로 보인다. 하지만 1937년 중일전쟁 이후로 차재명 담임목사가 전국 순회 시국강연에 참여하여 일제의 침략전쟁을 두둔하는 모습을 보여주었다. 시국강연을 시작으로 8월 1일 당회에서 이를 지지하는 내용을 결의했고, 1938년에는 교회 내에서 일본어 교육 실시 및 내선일체 현판을 내걸기도 했다. 물론 이 역시 새문안교회만의 모습으로 보긴 어렵다.

그 이후 새문안교회는 안팎의 부침, 그 역사 속에서 때론 강경하게 때론 탈속적인 입장을 견지해오며 오늘에 이르렀다. 1944년, 김영주 목사가 3대 담임목사로 부임한 이후, 새문안교회는 1945년 해방을 맞이해 교회를 개혁하고 정비하는 데 주력했다. 1948년부터는 농촌계몽운동과 의료봉사를 실시해오다 이후 6·25 동란을 맞이해 커다란 고난을 겪어야 했다. 김영주 담임목사, 김규식 장로가 북한군에 의해 납북되어 북한 땅에서 소천한 일이 벌어진 것이다.

그와 함께 1968년에 창립된 새문안교회 대학생회는 군부 독재에 맞서 70년대에서 80년대 후반까지 민주화 운동에 적극적으로 참가했다. 하지만 대학생회의 목소리와는 다른 불안의 흐름도 없진 않았다. 1979년 박정희 대통령 국장國葬에서 새문안교회 찬양대가 '내 목자는 사랑의 왕'이란 찬송을 불렀으며, 4대 담임목사 강신명 목사는 기도문을 낭독하기도 했다.

어쨌든 새문안교회는 한국교회 역사의 중심에서 모체와 같은 역할을 감당했다. 비록 역사의 부침을 겪으며 탈속과 속욕 사이에서 갈등하는 모습을 보인 것도 사실이지만, 그 반대로 도산 안창호 선생과 김규식 선생 등의 독립투사를 배출하고, 유신 시절에는 민주화 운동의 집회지가 되면서 한국 사회의 아픔을 함께 나누기도 했다. 이는 새문안교회가 정교 조화의 흐름에 있어 결코 뒤지지 않는 이념적·정서적 열망을 같이 해왔다고 볼 수 있다. 그렇기에 새문안교회는 정교의 조화와 무게를 함께 감당해온 것이며, 그러한 조화의 흐름엔 새문안교회 예배당 변천사가 그 궤를 같이한다.

새문안교회 예배당 Ⅰ
- 근대화를 향해

새문안교회는 모두 여섯 번의 예배당 변화를 맞이했다. 그 첫 번째는 1972년 예배당이다. 개축되기까지 신문로에 자리 잡아 뿌리 내린 곳으로, 이른바 염정동의 '벽돌예배당'이다.

1907년, 신문로 새문안교회 자리에 일화 4,000여 원을 들여 1,200여 명을 수용할 수 있는 예배당 건축을 시작한 염정동 벽돌예

1972년 완공된 예배당의 특징적 요소인 卍자형 창(위)과 재해석된 현재의 모습.

배당은 1910년 5월 22일 완공되었다. 당시 교인 300명을 헤아리는 새문안교회에서는 나름의 도전으로도 볼 수 있는 벽돌예배당은 한국교회가 서양식 문명을 적극 받아들여 근대화의 틀을 일궈내는 데 지향점을 두고 있다. 고전적 한국미를 고집하기보단 이질감을 무릅쓰고도 새로움의 편입을 열망한 것이다.

벽돌예배당은 지금의 종교교회와 세브란스병원을 설계한 캐나다 건축가 헨리 볼드 고든의 작품이다. 그가 보여준 분명한 특징은 로마네스크 양식의 벽돌예배당을 한국교회에 본격적으로 도입한 점이다. 당시 이러한 로마네스크 양식의 예배당과 자웅을 겨뤄볼 수

2019년 새로 완공된 새문안교회 예배당. 부드러운 곡선 형태는 하나님의 따뜻한 품을 상징하는 듯하다.

있는 교회 양식으로는 명동성당 정도가 유일하다. 이후 새문안 예배당은 1949년에 '종탑'을 좌우측에 세우고, 1957년에는 예배당 전면 하단에 '굴다리형 계단'을 증축하는 등 몇 번의 개축 과정을 거쳤다.

굴다리형 계단 증축을 비롯해 새문안교회 예배당 리모델링에 참여한 건축가는 한국 건축계의 거장 김중업 씨다. 김중업 건축가의 설계로 예배당 입구는 세 개의 붉은 벽돌 조적의 아치 구조로 변형되었다. 이러한 변화는 본래 벽돌예배당의 건축미학 변경으로 연결되기보단 본당 내부의 모더니즘적 성격 강화로 봐야 한다. 이는 새문안교회가 견인하고자 하는 지향축이 근대화였음을 더욱 견고히 하는 대목이다.

이러한 조화의 출발점에서 새문안교회 예배당은 또 다른 혁신을 맞이하게 된다.

새문안교회 예배당 II
- 동서양 문화의 조화

이후 새문안교회 예배당은 새로운 예배당으로 거듭난다. 완전히 새로 탄생한 것인데, 교회 건축의 새로운 화두를 던진 역사로도 유명한 새문안교회 예배당의 해체와 신생은 1972년에 완공되는 새예배당 출범으로 본격화된다. 이 예배당은 유학과 황손으로도 잘 알려진 건축가 이구李玖가 설계한 건축물로, 모더니즘의 배경에 한국 전통의 정신적 은유를 얹힌 작품으로 평가받는다.

24개의 십자 기둥이 24장로를 표현하는 등 기독교적 상징을 극대화했으며, 예배당 안으로 극미하게 스며드는 최소 채광은 카타콤의 환경적 억압과 신비를 의도했다. 또한 전면으로 구성된 창에는 전통 아亞 자 창을 현대적으로 재구성했는데, 이 대목에서 새문안 예배당이 전통적인 서양 건축양식에 한국적 전통미를 가미한 옛것과 새것의 조화를 도모했다는 점이 돋보인다.

지난 시간, 한국교회는 서구 양식의 무분별한 도입이 곧 근대화라는 공식을 일종의 금과옥조로 받아들여왔다. 그러한 측면에서 1972년 완공된 새문안교회 예배당은 새로운 근대성을 향한 진일보로 평가받아야 마땅하다. 서구 양식 바탕에 한국적 미를 부가해 옛 것과 새것의 조화를 구현해낸 또 하나의 모더니티를 창출해낸 것이다.

또 한 번의 신생을 향해

새문안교회는 한국 최초의 조직 교회라는 상징성에만 머무르지 않고 교회와 세상 역사와 큰 보폭을 함께하는 균형추 역할을 감당해왔다. 그 조화의 표현력은 예배당 변천사를 통해서도 적실히 확인된 듯하다. 의도하든 의도하지 않든 새문안교회는 '근대화'란 화두가 한국 종교 시설에 어떤 의미로 자리매김해야 하는지를 선도해온 것이다. 그런 맥락에서 새문안교회가 한국교회에서 차지하는 종교사적인 무게감, 그 영적 지분을 쉽게 외면할 순 없을 것이다.

근대화의 흐름을 또 다른 전통의 고루함으로 받아들이지 않고 새로움을 향한 갱신의 가능성으로 선도해온 새문안교회는 이제 또 한 번의 변화를 진행하고 있다. 1972년 완공되어 85주년을 기념해 세운 예배당이 역사의 뒤편으로 사라지고 새 예배당 건축을 결의한 것이다.

새문안교회는 예배당의 직능적 한계를 고민해오다 보존이 아닌 해체와 신생이란 또 한 번의 선택을 택했다. 본래 2017년 완공 예정이었지만 적잖은 공사 기간 연장으로 2019년 4월이 되어서야 완

새 예배당 내부모습.

공되었다. 현재의 새문안교회 예배당은 지상 13층 지하 4층 규모
로 적지 않은 위용을 과시한다. 이러한 결심 배경이 새문안교회 교
인 수가 절대 팽창을 맞아 불가피한 이유로 교회 건축을 시도하는
건 아니다. 미래 가치를 선도하고, 한국교회를 이끌겠다는 의지에
서 발화된 비전으로 읽힌다. 또한 그 미래 가치 견인의 중심엔 한
국교회와 세상 사이에서 새문안교회가 차지하는 조화와 무게의 지
분이 강하게 작동된 것으로 보인다.

　그런데 이 대목에서 의문이 생긴다. 과연 새문안교회가 이번 새
예배당 건축을 통해 또 한 번의 신생 가치를 선도할 수 있을까.

새문안이 앞으로도 세상과 교회에 빛의 역할을 감당할 수 있을까.

의문과 두려움이
지워지길 기도하며

새문안교회 새 예배당 건축에는 한국 사회에서 나름 일가를 이룬 건축가들이 설계에 참여했다. 이들은 새 예배당이 규모보다는 상징과 은유, 공공성에 초점을 맞췄다고 밝혔다. 상징과 은유의 궁극엔 새 예배당이 하나님의 사랑에 있음을 분명히 했다. 부드러운 곡선 형태의 벽면은 마치 어머니가 양팔을 벌린 느낌, 하나님의 따뜻한 품을 상징하고, 아울러 빛의 향연으로 가득한 벽면은 태고적 하나님의 빛을 연상케 하며, 새문안이 앞으로도 세상과 교회에 빛의 역할을 감당하겠다는 의지를 담아낸다. 그 빛은 66.3m 위 건물 꼭

이제 교회는 세상을 선도할 게 아니라 오히려 세상이 말하는 상식과 보폭을 맞추는 데 주력해야 한다.

대기에서 외벽을 타고 내려와 내부 본당 강단으로까지 이어진다.

그렇지만 이러한 과시가 지금까지 새문안교회가 보여준 교회와 세상, 교회와 역사 사이에서의 조화와 무게를 선도하는 또 하나의 포석으로 보긴 어렵다는 우려가 생긴다.

오늘의 한국교회는 세상에서 빛의 역할을 주도한다는 명제에 대한 재고가 필요한 시점에 이르렀다. 이제 교회는 세상을 선도할 게 아니라 오히려 세상이 말하는 상식과 보폭을 맞추며, 지금까지 학대받아온 낮은 자들의 신음소리를 듣는 데 주력해야 한다. 낮은 자들이 양산된 비극의 바탕에 한국 사회의 고속성장, 맘몬의 창궐로 인해 자행된 영혼 학살극에 교회가 가담해온 착취의 가해성이 있음을 결코 외면해선 안 되는 것이다.

지금도 여전히 한국교회에서 새문안교회가 차지하는 영적 지분은 심대하다. 혹시라도 그 영적 지분을 유지, 혹은 권력화하려는 의도로 새 예배당 건립을 결심했다면 향후 초래하게 될 시대착오적이란 비난을 어떻게 감당할 수 있을지 심히 의문이다.

빛의 역할을 선도하겠다며 나선 새문안의 새로운 시도. 현대성의 첨단을 포용하면서도 새로운 공공재로 거듭나 서울 중심가에 잊지 못할 랜드마크로 우뚝 서겠다는 새문안의 야심이 자칫 잘못해 그저 그런 물신주의의 산물로 전락하진 않을까 하는 두려움을 떨치지 못하는 이유가 바로 여기에 있다.

하지만 필자는 기도한다. 정말이지 이러한 두려움은 우매한 필자만이 갖는 기우라는 것을 말이다.

도움 받은 자료

1. 역사 속의 종교, 종교 속의 역사

· "한국교회순례6 경동교회", 『컴퓨터전문인선교회』, 2013.10.10.

· "건축과 종교의 양 손을 모으고 기도하다", 『한대신문』, 2013.10.14.

· "민주적이고 투명하게"..1년 3개월의 향린교회 담임목사 청빙기, 『노컷뉴스』, 2017.08.02.

· 유승준, 《안동교회 이야기》, 홍성사, 2018.

· "근대와 현대의 만남… 영락교회·옛 반도호텔 앞 푸시킨", 『서울신문』, 2019.01.03.

· "서울에서 가장 아름다운 성당, 차이는 바로 이것", 『오마이뉴스』, 2019.04.24.

· "나라를 살리려고 선비들이 세운 안동교회", 『레디앙』, 2019.05.10.

· "명동 향린교회, '민주화의 성지'가 '김정은의 성지' 되나", 『데일리안』, 2019.06.09.

· "도심 그곳 예배당, 정오엔 음악이 흐른다", 『국민일보』, 2019.06.13.

· www.kdchurch.or.kr

· http://100.daum.net/encyclopedia/view/14XXE0076748

· https://brunch.co.kr/@whatsupseoul/524

· www.hyanglin.org

· https://ko.wikipedia.org/wiki/%ED%96%A5%EB%A6%B0%EA%B5%90%ED%9A
%8C

- http://100. daum. net/encyclopedia/view/14XXE0075983
- https://ko. wikipedia. org/wiki/%EC%95%88%EB%8F%99%EA%B5%90%ED%9A%8C
- http://www. cathedral. or. kr
- https://www. minjuroad. or. kr/location/330
- https://www. junggu. seoul. kr/tour/content. do?cmsid=4869&contentId=3819
- https://terms. naver. com/entry. nhn?docId=574398&cid=46656&categoryId=46656
- www. youngnak. net
- https://ko. wikipedia. org/wiki/%EC%98%81%EB%9D%BD%EA%B5%90%ED%9A%8C
- http://100. daum. net/encyclopedia/view/b15a3862a
- https://terms. naver. com/entry. nhn?docId=2458211&cid=46647&categoryId=46647

2. 부르짖거나, 무너지거나

- "현대 건축기술의 표현: 성락교회", 『건축설계』, 1996.07.
- 조혜진, "한국 현대 철골구조건축의 형태에 관한 연구 : 90년대 노출철골구조를 중심으로", 명지대학교 석사학위 청구논문, 1999.
- "소망교회 취재하던 'PD수첩' 최승호 피디 결국 교체", 『한겨레』, 2011.03.03.
- "'추적60분' 기자도 소망교회 취재 중 인사발령", 『미디어오늘』, 2011.03.03.
- "서울시, 서초동 '사랑의 교회' 신축공사 제동", 『서울신문』, 2012.06.02.
- "'사랑의 교회' 도로점용허가처분 취소 소송", 『내일신문』, 2012.08.30.
- "한국 현대건축의 빛과 그림자", 『SPACE』, 2013.03.
- "서초구민 '사랑의 교회' 상대소송 각하 판결", 『문화일보』, 2013.07.09.
- 함인선, 《건축가 함인선, 사이를 찾아서》, 마티, 2014.
- "명동성당, 소망교회도 비정규직 줄줄이 해고", 『뉴스타파』, 2015.01.09.
- http://www. sarang. org
- https://ko. wikipedia. org/wiki/%EC%82%AC%EB%9E%91%EC%9D%98%EA%B5%90%ED%9A%8C
- https://namu. wiki/w/%EC%82%AC%EB%9E%91%EC%9D%98%EA%B5%90%ED%

9A%8C
- https://www.somang.net
- http://cafe.daum.net/archichurch/Hbbe/29?q=%EC%86%8C%EB%A7%9D%EA%
  B5%90%ED%9A%8C%20%EC%B5%9C%EB%8F%99%EA%B7%9C
- https://terms.naver.com/entry.nhn?docId=2573129&cid=51878&category
  Id=51958
- http://news.kbs.co.kr/news/view.do?ncd=4023141&ref=A
- https://blog.naver.com/laquint/220238679707
- https://blog.naver.com/leecorb/120116288405
- http://archur.co.kr/220582252785

3. 위가 아닌 아래를 향하는 교회

- "무채색 노출콘크리트로 빚어진 교회", 『목회와 신학』, 1999.10.
- "친일파 된 여성 교육선각자들⋯", 『프레시안』, 2002.03.09.
- "이대 학생위 '친일파 김활란 동상 철거하라'", 『오마이뉴스』, 2005.03.25.
- "기도, 내가 바뀌어가는 하나님과의 사귐 – 모새골 임영수 목사", 『오늘』, 2009.04.
- "순수해서 아름다운 노출 콘크리트", 『부산일보』, 2009.09.19.
- "묵상하는 골짜기 '모새골'에는 네가지가 없다", 『조선일보』, 2013.01.11.
- "'모두가 새로워지는 골짜기' 모새골", 『한국기독공보』, 2013.01.25.
- "교회에서 어떻게 문화예술 콘텐츠를 공유할 것인가⋯", 『국민일보』, 2016.03.08.
- "광고사진가 이진호 권사 '문화사역 지원 사진가로 섬김'", 『국민일보』, 2017.04.14.
- "대형교회 보란듯⋯ 승효상, 시골에 15평 '교회다운 교회' 짓다", 『한국일보』, 2019.04.30.
- "승효상 '경산상엿집 주변 사람과 죽음에 대한 명상과 성찰 공간으로 조성되길'", 『매일신
  문』, 2019.05.28.
- "승효상 '부동산 가치 때문에 성찰 공간 쫓아내'", 『노컷뉴스』, 2019.06.18.
- http://church.ewha.ac.kr
- https://ko.wikipedia.org/wiki/%EC%9D%B4%ED%99%94%EC%97%AC%EC%9E
  %90%EB%8C%80%ED%95%99%EA%B5%90
- http://www.ewha.ac.kr/mbs/ewhakr/subview.jsp?id=ewhakr_010706070100
- http://www.ewha.ac.kr/mbs/ewhakr/subview.jsp?id=ewhakr_010105000000

· http://mosegol.org

· https://www.hangilch.com

· http://www.gjpch.com

4. 보존과 변화 사이에서

· "한국 최초의 감리교회는 어디인가요. 지역별로 소개해주세요", 『기독교타임즈』, 2007.
  01.17.

· "한국 최초 강화 성당 불에 탈 뻔했다", 『연합뉴스』, 2009.04.28.

· "대한성공회 강화읍성당", 『부산일보』, 2009.10.10.

· "교회인지 절인지? 114년 된 성공회 강화 성당", 『조선일보』, 2014.01.16.

· "한 번 교회(예배당)는 끝까지 교회여야 하나요?", 『크리스천투데이』, 2018.08.06.

· "박원순표 '흔적 남기기'…서울 전역에 '우수 건축자산' 지정", 『이데일리』, 2019.02.25.

· "소리 소문 없이 뚝딱… 새문안교회 새 예배당 모습", 『베리타스』, 2019.03.13.

· "광화문 '새문안교회'의 실험… 종교 건축의 방향을 묻다", 『조선일보』, 2019.04.04.

· "서촌에 이런 곳이? 예술공간으로 재탄생 한 옛 건물", 『오마이뉴스』, 2019.04.15.

· "새문안교회 이상학 목사 '규모에 걸맞는 더 큰 사회적 책임 감당하겠다'", 『노컷뉴스』,
  2019.04.24.

· http://chungdong.org

· http://100.daum.net/encyclopedia/view/b19j1056a

· http://100.daum.net/encyclopedia/view/14XXE0050096

· http://www.gsehc.com

· https://cafe.naver.com/sc110508/2553

· http://blog.seoul.go.kr/221202500135

· http://100.daum.net/encyclopedia/view/76XX41800014

· www.saemoonan.org

· http://100.daum.net/encyclopedia/view/b11s2671a

· http://cafe.daum.net/lsk3892/GSJv/6647?q=%EC%83%88%EB%AC%B8%EC%95%
  88%EA%B5%90%ED%9A%8C

사진 출처

· Domo: 83(전체), 88(전체), 95, 97(전체), 103(전체), 106, 227(아래쪽), 228(전체), 231, 232, 233
· 김천서부성결교회: 195, 198(전체), 201
· 뉴스앤조이: 11, 13(전체), 15(전체), 18, 22, 25, 27(전체), 32(전체), 34(전체), 37(전체), 38, 51, 52(전체), 56(전체), 57(전체), 59(전체), 62, 64(전체), 68, 70, 74, 77(전체), 80(전체), 93, 100, 105, 112, 113, 115, 118, 123, 125, 127(전체), 129(전체), 152(전체), 155, 157, 160, 163, 165(전체), 170, 171, 174(전체), 176, 177, 178(전체), 183, 186(전체), 189(전체), 190, 204, 205, 207(전체), 209(전체), 214(전체), 216(전체), 219(전체), 221, 222
· 모새골공동체교회: 143(전체), 145(전체), 148(전체)
· 아트교회: 133, 137(전체), 139
· 위키미디어 커먼즈: 227(위쪽)
· 종교개혁 500주년 기념교회: 42, 43(전체), 45(전체), 48

예배당 건축 기행

**한국교회,
이미와 아직
사이에서**

지은이 주원규

1판 1쇄 펴냄 2020년 2월 28일

펴낸곳 곰출판
출판신고 2014년 10월 13일 제406-251002014000187호
전자우편 walk@gombooks.com
전화 070-8285-5829
팩스 070-7550-5829

ISBN 979-11-89327-07-1 03230

이 도서의 국립중앙도서관 출판예정도서목록(CIP)은 서지정보유통지원시스템 홈페이지(http://seoji.nl.go.kr)와
국가자료종합목록 구축시스템(http://kolis-net.nl.go.kr)에서 이용하실 수 있습니다. (CIP제어번호 : CIP2020003396)